高校体育教学与管理研究

何宁宁 著

延吉·延边大学出版社

图书在版编目（CIP）数据

高校体育教学与管理研究 / 何宁宁著. -- 延吉：延边大学出版社，2023.10
ISBN 978-7-230-05778-3

Ⅰ．①高… Ⅱ．①何… Ⅲ．①体育教学－教学研究－高等学校 Ⅳ．①G807.4

中国国家版本馆 CIP 数据核字(2023)第 202803 号

高校体育教学与管理研究

著　　者：何宁宁
责任编辑：秦立忠
封面设计：文合文化
出版发行：延边大学出版社
社　　址：吉林省延吉市公园路 977 号　　邮　　编：133002
网　　址：http://www.ydcbs.com
E-m a i l：ydcbs@ydcbs.com
电　　话：0433-2732435　　　　　　　　传　　真：0433-2732434
发行电话：0433-2733056
印　　刷：延边延大兴业数码印务有限责任公司
开　　本：787 mm×1092 mm　1/16
印　　张：9.75　　　　　　　　　　　　字　　数：202 千字
版　　次：2023 年 10 月　第 1 版
印　　次：2023 年 11 月　第 1 次印刷
ISBN 978-7-230-05778-3

定　　价：58.00 元

前　言

随着新时期高等教育的迅速发展和素质教育的全面推进，高校体育教学被注入了新鲜的血液，成为深化素质教育和落实全面育人的重要突破口。高校体育教学对提高大学生综合素养，促进大学生全面发展有着举足轻重的作用。在高等教育改革日益深化的今天，与时俱进的、具有创新性的教学内容与教学方法层出不穷，对高校体育教学提出了更加严格的要求。

体育教学管理是高校体育教学的一个重要环节，在高校管理中具有重要的作用。加强高校体育教学管理，有助于促进高校体育教学活动正常进行，使高校体育教学改革的各项措施得以落实并取得良好的改革效果。为了强化体育教学管理效果、提升高校体育教学质量，笔者特撰写本书，希望为高校开展体育教学管理工作提供有价值的指导。

本书共八章。第一章阐述了高校体育教学的概念与特征、高校体育教学的构成要素及要遵循的规律、高校体育教学的多元功能、高校体育教学的时代使命等内容。第二至四章分别论述了高校体育教学内容、高校体育教学目标、高校体育教学方法。第五至八章主要阐述了高校体育教学管理的相关内容。

本书在撰写过程中参考和借鉴了许多专家、学者的研究成果和观点，在此表示诚挚的谢意。另外，由于笔者时间和精力有限，书中难免有不妥之处，敬请广大读者批评、指正。

目　　录

第一章　高校体育教学概述 ………………………………………………… 1
　　第一节　高校体育教学的概念与特征 ………………………………… 1
　　第二节　高校体育教学的构成要素及要遵循的规律 ………………… 8
　　第三节　高校体育教学的多元功能 …………………………………… 11
　　第四节　高校体育教学的时代使命 …………………………………… 18

第二章　高校体育教学内容 ………………………………………………… 22
　　第一节　高校体育教学内容的概念、特性和分类 …………………… 22
　　第二节　高校体育教学内容的选择 …………………………………… 29
　　第三节　高校体育教学内容的开发与利用 …………………………… 32

第三章　高校体育教学目标 ………………………………………………… 36
　　第一节　高校体育教学目标的内涵与功能 …………………………… 36
　　第二节　高校体育教学目标的制定 …………………………………… 38
　　第三节　高校体育教学目标的体系 …………………………………… 41
　　第四节　高校体育教学目标的改革与管理 …………………………… 43

第四章　高校体育教学方法 ………………………………………………… 46
　　第一节　高校体育教学方法的概念与特点 …………………………… 46
　　第二节　高校体育教学的常用方法 …………………………………… 49
　　第三节　高校体育教学的创新性方法 ………………………………… 58

第五章　高校体育课程教学管理 …………………………………………… 62
　　第一节　高校体育课程教学管理概述 ………………………………… 62
　　第二节　高校体育课程教学管理机制 ………………………………… 71

第三节 高校体育教学管理的实施 ·· 76
第四节 高校体育课程教学管理体系改革 ······································· 84

第六章 高校体育科学研究管理 ·· 88
第一节 高校体育科学研究概述 ··· 88
第二节 高校体育科学研究方法 ··· 96
第三节 高校体育科学研究的基本原则和要求 ·································102
第四节 高校体育科学研究创新管理 ···105

第七章 高校体育资源管理 ···109
第一节 高校体育资源的概念和分类 ···109
第二节 高校体育人力资源管理 ···111
第三节 高校体育场馆设施资源管理 ···115
第四节 高校体育信息资源管理 ···121
第五节 高校体育经费资源管理 ···128

第八章 创新教育理念下高校体育课程教学及其质量管理 ···················132
第一节 创新教育理念下高校体育课程教学的顺利开展 ····················132
第二节 创新教育理念下高校体育课程教学管理的方法 ····················137
第三节 创新教育理念下高校体育课程教学质量的管理 ····················145

参考文献 ··149

第一章 高校体育教学概述

第一节 高校体育教学的概念与特征

一、高校体育教学的概念

体育教学是众多学科教学的一种具体形式，要明确高校体育教学的概念，首先需要了解教学的概念，明确教学的概念是认识高校体育教学概念的基础与前提。

（一）教学的概念

"教学"是一种动态行为，是教学工作者对具体的学科或技能组合进行的一种有组织、有计划的教学行为，可以从宏观和微观两个角度去理解和分析教学的概念。

从宏观角度分析，教学是一种特殊的教育活动，它是指教学者以一种或多种文化为对象，对受教者进行教育，以期让受教者获得这种文化的活动。其中，教学者是掌握某种知识或技能的人，他与接受教育的人共同构成教学的主体。

从微观角度分析，教学是一种直观的教师进行教授和学生进行学习的活动，在这个活动中，教师是教学活动的组织者和知识传授者；学生是教学的"受众"和主体。简而言之，教学是一种以特定文化为对象的"教"与"学"的活动。

综上所述，可以认识到，教学是一种教育活动，这种教育活动需要教师和学生的共同参与，并为了实现某一具体教学目标而相互协作。

（二）体育教学的概念

学界流传着体育教学的"统一活动说"，认为体育教学是"教"（体育教师教授）和"学"（学生学习）的有机结合，是二者统一的过程，强调体育教师在教学过程中重视学生的身心健康和各方面素质的全面发展。

教学体系内容丰富，包括语文教学、数学教学、音乐教学、体育教学、美术教学等。体育教学是教学体系的一部分，因此，在对体育教学的概念进行研究时也可以采用教学概念研究的方法，也就是从广义和狭义两个方面解释体育教学。广义上，以能者为师传授体育知识与技能及学生获得体育知识与技能的过程就是体育教学；狭义上，学校教育中为了培养体育人才，围绕体育知识、技能而开展的教学活动就是体育教学。

综合以上对教学与体育教学概念的论述，笔者将体育教学定义为在学校教学过程中，以体育教材为媒介，引导学生学习体育与健康知识、掌握体育技能、养成良好的体育锻炼习惯，以促进其身心健康发展的特殊教育活动。因此，高校体育教学就是指在高校教学过程中，以高校体育教材为媒介，引导大学生学习体育与健康知识、掌握体育技能、养成良好的体育锻炼习惯，以促进其身心健康发展和各方面素质全面发展的一项高等教育活动。

在高校体育教学过程中，体育教师的教学行为与学生的学习行为既相对独立又密切联系。教师与学生互动频繁，互动的方式有对话、合作、交流等。在密切互动的基础上，教师将体育教学内容传授给学生，学生在教师的引导下学习体育知识和技能。体育教学活动的效果与体育教学中的各个因素都有很大的关系，如教学主体（教师与学生）、教学媒介等，这些因素之间又有着密切的联系，只有将各因素之间的关系处理好，才能取得良好的体育教学效果，达到预期的体育教学目标。

二、高校体育教学的特征

(一)高校体育教学与其他学科教学的共性特征

高校体育教学与其他学科的教学都属于教学活动,它们之间有许多共同点,主要体现在以下三个方面。

第一,高校体育教学和其他学科的教学均以班级为单位开展教学活动。在实际的教学过程中,班级的组成方式根据需要有所不同,如学生入学时组成的自然班,或根据学生的不同兴趣组成的单项班等。

第二,高校体育教学与其他学科教学的目的都是向学生传授某种知识或技能。

第三,高校体育教学和其他学科的教学都属于教师与学生的双边活动。教师与学生在教学活动中发生各种形式的交流,如语言上的交流和肢体动作的交流等。在传统教学中,这种交流更多的是单向交流,即教师—学生(教师传授给学生某种知识或技能),现代教学要求教师重视学生学习的主体性,将单向交流转化为双向交流。

(二)高校体育教学的个性特征

高校体育教学除与其他学科的教学有共性特征之外,还有其自身的独特性,也就是个性特征,具体表现在以下几个方面:

1.教学环境的开放性

体育教学主要是在室外进行的,目前,我国各级院校的体育教学多以体育实践课为主,体育教师组织的大多数体育课主要在学校操场进行。与其他学科主要是在封闭的教室、实验室等地方开展教学活动不同,体育教学的教学空间富有变化性，教学环境更加开放。

教学环境的开放性决定了体育教学具有不同于室内教学的特殊要求，因此，体育教师在开展体育教学活动时应注意以下几点：

第一，室外的体育教学是动态的，大部分的教学时间学生处在不断变化与形式多样的运动中，如果班级内的学生较多，教师可以采取分组教学。

第二，由于体育课多在操场进行，受到的干扰因素较多，如天气、地形、周边设施等，体育教学的组织管理工作愈加复杂，需要体育教师精心设计与统筹安排体育教学的组织形式、教学步骤与方法。

第三，由于一些学校的体育基础设施条件较差，容易导致学生在体育课上出现运动损伤的情况，因此体育教师应重视对学生开展安全教育。

2.教学过程的直观性

高校体育教学过程的直观性主要体现在体育教师的讲解、示范和教学组织管理三个方面。

第一，体育教师对教学内容的讲解具有直观性的特点。

体育教师讲解体育教学内容时，除了要达到与其他学科的教师讲解的要求一致外，还要求语言更加生动并且富有一定的肢体表现能力，以使学生有形象、贴切、有趣的感觉。在某些具有较难技术动作的体育运动教学中，体育教师不仅要详细描述教学重点，还要用生动形象的语言把复杂的技术动作进行简单化的讲解，努力做到深入浅出，以便于学生理解。

第二，体育教师对体育动作的示范具有直观性的特点。

每一项体育项目的教学都涉及技术动作或战术配合，为了加深学生的理解和认识，体育教师有必要进行动作示范和实践演示。教师示范时，需要运用直观、形象的动作示范，其中包括正确动作的演示和错误动作的演示，这些演示都要非常直观地展现在学生面前，不能有任何的艺术加工和变形，这样才会使学生从感官上直接感知动作的正确与错误，以利于他们建立正确的运动表象。当学生建立正确的动作表象后，再配合体育教师的讲解，使之与思维相结合，更好地掌握体育知识、体育技术和技能。

第三,体育教师对体育教学的组织与管理具有直观性特点。

在高校体育教学中,体育教师与学生接触更多,关系更融洽,对学生的组织与管理也带有直观性,如体育教师要更加富有责任心、更具有活力,身体力行,为学生创造轻松的学习环境。

3.身体活动的常态性

在高校体育教学中,学生需要不断重复学习体育运动技能,这就决定了学生在体育教学活动中要经常进行身体活动,即高校体育教学具有身体活动的常态性特点。在高校体育课堂教学中,教师与学生的身体操练非常频繁,这种近乎常态化的特点成为高校体育教学非常显著的特点。

一般性学科(主要是指文化类学科)的教学多在教室(如实验室、多功能厅)进行,且要保持相对安静,这样才能激发学生的思维。和这些学科的教学相比,体育教学刚好相反,其教学的地点多为户外或专用运动场馆,普遍较为宽阔,而且在大多数的运动技术练习环节并不需要刻意保持安静,学生之间、学生与教师之间可以随时沟通,如此才更有利于学生学习运动技术。

高校体育教学要求学生掌握基本的运动技能。高校体育教学过程中充满了对身体活动的要求是体育教学与其他学科教学的最大不同之处。在高校体育教学中,几乎所有内容都涉及身体活动,或者是为即将到来的身体活动做准备的活动,这是对作为"身体知识"的体育教学的最好诠释。

在高校体育教学中,不仅学生要进行具有一定运动负荷的运动,教师在示范、指导的过程中也需要付出不少体力。可见,高校体育教学身体活动常态性的特点不止针对学生,同时也针对教师。

4.身心练习的统一性

现代科学研究发现,身体健康有助于改善心理健康,而心理健康也会促进身体健康。因此,高校体育教学具有要求学生身心共修的特点。高校体育教学重视提升学生的身体素质,与此同时,它还能够促进学生适应能力的发展,这是其他学科的教学无法做到的。高校体育教学营造了不同种类的教学情境,一系列积极的情境使参与其中的人在潜移默化中受到感染。在高校体育教学中，学生的身心发展看似是分开的，但实际上是一种身心统一的锻炼。也就是说，通过高校体育教学，学生的身体与心理能够共同发展，表现出统一性。

总之，高校体育教学不仅可以促进学生运动能力的提升和体质的增强，而且有利于培养学生良好的心理品质，促进学生身心健康协调发展。

高校体育教学中要实现学生身心练习的统一性，要求体育教师做好以下教学工作：

第一，体育教学内容的选择要注重身心统一。

体育教学内容是体育教师开展体育教学活动的依据，对教学效果具有直接的影响。为了使体育教学体现出身心统一的特点，体育教师应针对学生的身心健康状况合理选择教学内容，所选教材的编排要符合该年龄段学生的心理特点，除此之外，还要满足美学、社会学等其他方面的要求，使学生身心获得有益发展。

第二，体育教学方法的选用要注重身心统一。

与其他学科的教学相比，体育教学的方法更加丰富，这更加便于体育教师结合体育教学实际合理选用教学方法。为了体现体育教学中学生身心练习的统一性，体育教师选择的教学方法要遵循与学生年龄段相适应的身心变化规律，体育教师必须根据学生的身心特点安排课程，如此才能有效激发学生学习的积极性，促进其身体和心理的共同发展。

第三，体育教学中运动负荷的安排要注重身心统一。

体育教学重在体育实践，它以身体练习为主，需要学生运用身体器官直接参与活动，因此，学生不仅要承受一定的身体负荷，还要承受一定的心理负荷。学生在完成大负荷的身体练习时，不仅要承受肌肉活动引起的疲劳与不适，还要感受克服困难、团结一致、努力拼搏、失败和成功的心情。这种身心练习的统一性更有益于学生身心的健康发展。

5.技能学习的重复性

体育教学的目的是使学生掌握运动技能，而要达到这一教学目的，学生就必须重复学习运动技能。运动技能的形成具有阶段性和规律性，大致分为四个阶段，即动作分解练习阶段、动作连贯练习阶段、连贯动作的独立完成阶段和连贯动作的熟练完成阶段。学生要想熟练掌握运动技能，需要经过长期的反复练习。学生无论是学习篮球、足球、排球运动中的复杂技能，还是学习体操中的滚翻、田径中的跑等技能，都需要经历由不会到会、由初步学习到深入学习、由不熟练到熟练的发展过程。在此过程中，体育教师要严格遵循循序渐进原则，逐步指导学生掌握各种运动技能，根据不同运动技能的特点合理安排练习时间，通过反复练习，使学生掌握某项运动技能。

6.教学条件的制约性

高校体育教学内容丰富，涉及的要素较多，也就使得体育教学受到更多客观条件的制约，这是高校体育教学的重要特点之一。高校体育教学活动受到的制约主要有学生运动基础、学生其他基本情况（如年龄、性别、生理和心理特点）、体育教学场地条件、器材、气候等，这些因素都会影响高校体育教学的质量。具体来说，主要表现在两个方面。

就教学主体来讲，学生作为体育教学过程中体育知识与技能传授的受众，与学生有关的诸多情况都会对体育教学本身造成一些影响。因此，体育教学要想进行得顺利，就要注重在学生的运动基础方面以及体质强弱等实际情况的区别对待，如男生与女生不同的身体形态、机能水平、运动能力等，根据这些差异，体育教师在开展教学活动时就要考虑周全，否则会影响教学目标的实现。

就教学环境来讲，体育教学环境是体育教学的重要载体，其质量的高低对体育教学会产生较大影响。体育教学活动多在户外开展，可能会面临空气污染或邻近马路带来的噪声污染等问题，这些问题势必会影响体育教学主体在教学活动中的状态与情绪；天气对室外体育教学的影响也是不容忽视的，如遇到雨、雪、大风等恶劣天气时，体育实践教学会被迫停止，转而在室内进行体育理论课的教学。

总之，高校体育教学受到多种教学条件的制约。要想顺利开展体育教学活动，摆脱不利于体育教学的各种因素的影响，体育教师就必须从学年的体育教学计划到具体课时计划、从教学内容选择到教学方法实施都结合实际，科学地选择体育教学内容、方法和组织形式，尽量将制约因素的影响降至最低。

第二节 高校体育教学的构成要素及要遵循的规律

一、高校体育教学的构成要素

从系统论的观点看，可以把高校体育教学过程当作一个整体系统来考察，即高校体育教学系统是一个多层次、多要素的复杂系统。所以，高校体育教学系统的要素即高校体育教学的要素。高校体育教学过程的每一阶段都包含着不同的要素，这些要素的整合就构成了完整、系统的教学过程。

关于高校体育教学的构成要素有三种不同的观点：

第一，三要素说。

该观点认为，高校体育教学系统是由体育教师、学生和体育教材三个要素构成的。

第二，四要素说。

该观点认为，高校体育教学系统是由体育教师、学生、体育教学内容和体育教学手段四个要素构成的。

第三，五要素说。

该观点认为，高校体育教学系统是由体育教师、学生、体育教材、体育教学方法和体育教学物质条件五个要素构成的。

无论是哪种观点，它们都有三个要素是共同的，即体育教师、学生和体育教材。

高校体育教学过程是教师与学生双方统一活动的过程，因此体育教师和学生是高校体育教学必不可少的两个基本要素。除此之外，它们共同的作用对象是体育教材。在体育教学过程中，教师是通过体育教材这一媒介与学生发生作用的。高校体育教学系统的构成要素主要是体育教师、学生和体育教材，它们之间是相互联系、相互依存和相互作用的。

体育教师担负着培养下一代的社会使命。因此，无论是从哪个角度讲，体育教师都是体育教学系统中起关键作用的因素。体育教师的个性、能力、责任感以及体育教师与学生的关系以及体育教师在学生中的威信，都对体育教学效果有重要影响。学生无论是在体形、体能，还是在气质、性格、兴趣、爱好以及个性等方面，都表现出明显的差异性，需要体育教师对学生有深入的了解。

体育教材是指体育教师指导学生学习的一切教育材料，是体育教学中师生相互作用的媒介，是体育教师教和学生学的对象。体育教材的选择要充分考虑以下两方面：

一方面，要考虑社会发展的需要。

另一方面，要充分考虑学生对体育教材的理解、接受与喜爱程度。

体育教材的内容范围、难度等不仅直接影响体育教学的成效，也直接影响学生的身心发展。

二、高校体育教学要遵循的规律

（一）与学生的身心发展水平相适应

教育教学必须与学生的身心发展水平相适应，这是一条基本规律，高校体育教学也必须遵循这条规律。高校体育教学要促进学生发展，这就要求体育教学的目标要清晰，教学方法和手段要适当。要做到这些，体育教师就必须了解学生的现有发展水平，针对学生的"最近发展区"开展体育教学活动，促使其不断发展。

（二）学生生理和心理指标起伏变化规律

在高校体育教学中，学生的生理和心理都承受着不同强度的负荷，容易引起一系列生理和心理指标的变化。在体育课教学中，学生有各种不同的活动方式，如听讲、观察、身体练习等，这些活动方式对学生身心有着不同程度的影响，学生生理和心理指标容易呈现波浪形的变化。高校体育教学要遵循学生生理和心理指标起伏变化规律，使其保持合理的起伏变化节奏。

（三）感知、思维和实践结合规律

在高校体育教学中，学生大部分时间是在进行身体练习，耳、眼等感官直接感知动作，大脑积极思考如何行动，机体协调做动作。其中，直接感知是基础，思维是核心，实践是目的，这三个环节是紧密结合的，缺少哪一个环节都会影响高校体育教学的整体效果。因此，高校体育教学必须遵循感知、思维和实践结合规律。

（四）体育知识、技能螺旋式上升规律

学生掌握某种知识、技能以后，如果不及时强化，就会遗忘或消退。由于体育知识、技能是螺旋式上升的，因此体育教师要注意强化学生已经学过的知识、技能，这也是高校体育教学应遵循的一条规律。

第三节 高校体育教学的多元功能

一、高校体育教学的健身功能

高校体育教学具有健身功能，对学生生理健康的影响主要表现在以下几个方面。

（一）改善呼吸系统功能

学生在体育锻炼中，吸进的氧气和排出的二氧化碳都比较多，大大增加了肺活量，增强了肺功能。学生坚持参加体育活动，能够改善呼吸系统功能，提高身体适应能力。

（二）改善消化系统功能

体育健身会消耗人体内的营养物质，加速机体代谢，使人增强食欲。学生积极参与体育锻炼，会加速胃肠蠕动，快速分泌消化液，有助于改善消化系统功能。

（三）改善神经系统功能

随着社会竞争压力的增加，学生的脑力活动越来越多，过度用脑会使脑细胞转为抑制状态，如果不及时调整脑细胞的状态，就会导致记忆力减退。体育锻炼可以刺激大脑中枢神经系统，使大脑的供氧状况得到改善，从而缓解大脑疲劳。

此外，体育锻炼还能使大脑皮层及时调动植物性神经系统，从而使神经系统的功能得到充分发挥。体育锻炼改善神经系统功能的原理主要体现在以下几点：

第一，体育锻炼在一定程度上可以促进脑细胞数量和体积的充分发展。

第二，体育锻炼可以促进大脑传导系统的完善。

第三，体育锻炼可以促进大脑皮层兴奋和抑制过程的改善，使其迅速建立条件反射。

第四，体育锻炼可以促进大脑皮层反应能力的提高，从而有效地激活脑细胞。

（四）塑造健康体形

肥胖会对人体的正常生理功能造成不良影响，加重心脏负担，如果皮下脂肪过多，则会增加身体患慢性病的概率。体育健身运动能够帮助大学生去除多余的脂肪，增强肌肉力量。大学生只有长期参与体育锻炼，才能达到控制体重、保持健康体形的目标。

（五）培养身体运动能力

身体运动能力是体现学生生命活力的重要标志。缺乏体力活动（体力劳动和体育锻炼）的学生一般身体活动能力较弱。在大学生身体运动能力发展过程中，体育锻炼发挥着非常重要的作用。

在高校体育教学中，特别是在田径运动教学中，大学生通过系统的体育锻炼不仅可以获得良好的基本运动能力，而且身体素质也会得到一定程度的提高。大学生身体运动能力不断提高的同时，其身体机能也在逐渐改善。

现在，社会上许多职业性活动虽然正由体力投入型为主向脑力投入型为主转变，但仍然对人们的身体素质有一定的要求。大学生只有具备良好的身体素质，才能完成各种复杂的生产任务。因此，为了提高大学生的职业活动能力和生活能力，需要重视体育教学，发挥体育运动的作用。

（六）预防疾病

长期参与体育健身活动，有助于降低心血管疾病发生的概率；科学锻炼能够有效控制血糖，降低糖尿病发生的可能性。总之，科学而持久的体育锻炼能够增强身体素质，有效预防疾病。

二、高校体育教学的心理功能

（一）调节情绪

高校体育教学对学生心理健康的影响可以通过学生的情绪状态这一指标来衡量。高校体育教学可以帮助学生摆脱烦恼和不愉快的情绪。考试成绩不理想、与同学的矛盾、教师的批评等是学生产生不愉快情绪的主要原因，而学生在体育教学中积极参加体育锻炼可以有效减轻不良情绪的影响。

高校体育教学有助于调节学生的情绪，其中，最重要的原因之一就是参加体育锻炼的学生可以体验运动的乐趣，获得愉悦感。体育锻炼是使中枢神经系统得到适度的激活并达到良好水平的重要途径。适度负荷的体育锻炼能促使人体释放内啡肽，让人在参加体育锻炼后获得愉悦感。因此，大学生参加体育活动，尤其是自己喜爱或擅长的体育活动，可以产生良好的情感体验，保持愉快的情绪。

（二）锻炼意志

意志品质是指个体的果断、自制力及坚韧、顽强、主动、独立等精神。学生在克服困难的过程中可以锻炼自己的意志品质。在体育课上，学生需要不断克服困难，如懒惰、胆怯、疲劳及外在因素的影响等，这有利于培养学生坚强的意志品质，帮助学生更好地解决学习和生活中遇到的问题。总之，高校体育教学在磨炼学生意志，培养学生良好的心理品质方面具有积极的意义。

（三）消除心理障碍

现代社会竞争十分激烈，学生的学习压力很大，一些学生不堪重负，产生了悲观、失望的情绪，进而导致抑郁、孤独等各种心理障碍。高校体育教学有助于学生摆脱消极情绪（压抑、悲观等），减轻心理障碍（焦虑、抑郁等）程度，使学生保持心理健康。

学生参加体育运动并坚持锻炼，不仅可以改善生理机能，提高身体素质，同时也能掌握一些体育运动的技术、技能。取得这些成绩后，个体会以自我反馈的方式将信息传递给大脑，从而产生自我成就的体验。

体育锻炼在治疗焦虑症、抑郁症等方面的作用已经得到大多数人的认可。焦虑和抑郁是两种常见的心理障碍，体育锻炼能有效减轻焦虑和抑郁症状。学生在学习与生活中的焦虑情绪也可以通过体育锻炼得到有效缓解。

（四）改善人际关系

随着现代社会生活节奏的加快，人与人之间的感情交流越来越缺乏。体育教学可以打破这种封闭状态，将不同年龄、地区、学习水平的学生聚集起来，使其开展平等、友好、和谐的交往。学生在体育锻炼中进行情感和信息的交流，有助于建立和谐的人际关系。研究表明，与社会密切联系有利于个体心理健康。学生可以在体育锻炼中认识更多的人，大家和睦相处、友爱互助，使学生心情舒畅、精神振奋，对其身心健康十分有益。

三、高校体育教学的智育、德育和美育功能

（一）智育功能

在高校体育教学中，学生积极参与体育课堂教学活动及课外活动，能够大幅度促进自身智力水平的提高。

1.提高脑力工作效率

学生参与体育运动，能够减缓自身的应激反应，但是只有经常参与、科学参与、有规律地参与体育运动才能取得明显的效果。个体的血压和心率会受到肾上腺素受体数目或敏感性的影响，因此个体的生理也就会受到特定应激源的影响。学生处于静止状态时，容易产生应激反应，而体育运动能够减缓应激反应，提高脑力工作效率。

2.振奋精神，开发潜力

生理与心理方面的不良因素都会导致疲劳的产生，可见疲劳是一种综合性的症状。如果个体参与一些活动的态度是被动的、消极的，或者所从事的工作超出了自己的能力范围，这时，在心理与生理上都容易出现疲劳症状。

个体的大脑皮层能够对自身的意识进行调节，学生在学习体育之外的其他学科时，大多是学习一些理论知识，这时其大脑皮层的有关区域处于高度兴奋状态，学习时间越长，保护性抑制就越容易出现，一旦出现，学生的学习效率就会降低。

学生在学习体育学科的相关知识时，不仅要学习文化知识，还要学习实践技能，可谓是脑力活动与体力活动的有机结合。这样的结合活动有利于使学生的运动神经中枢处于兴奋状态，因此与学习文化知识相关的中枢神经系统就有了休息时间，这对消除因脑力劳动而导致的疲劳是有利的，同时也有利于提高学生学习理论知识的效率。

除此之外，学生通过参与体育运动能够提高自身的身体素质、维持较高的健康水平，这样学生就有充沛的精力投身于文化课的学习中并在学习过程中不断开发自身的潜力。

（二）德育功能

高校体育教学具有帮助学生形成良好思想品德的功能。体育竞赛顺利进行的前提是参与者遵守纪律，体育竞赛取胜的关键是集体的配合。学生在体育比赛中可以养成遵纪、守纪的良好习惯。在体育竞赛中，学生还要做到关心同学，尊重对手和裁判。系统的体育教学对陶冶学生情操、塑造学生健全人格具有重要作用。

（三）美育功能

体育教学具有提高学生审美意识与审美能力的重要作用。静态的人体造型和动态的运动节律都具有美的特质，都表现出人们对美的向往。运动参与者主要从以下两个方面获得审美感：

一方面，运动参与者通过科学的体育锻炼而获得良好体态。

另一方面，运动参与者通过公平的比赛而获得成绩。

学生对体育运动的审美意识也可以通过体育教学培养。总的来说，高校体育教学可以帮助学生树立正确的人体及运动的审美标准，使学生体验积极、健康的审美情感，进而提高大学生的美学素养。

四、高校体育教学的社会功能

（一）社会同化功能

个体自愿接受他人的观点、信念、态度和行为，使自己有和他人相接近的态度就是"同化"。高校体育教学的同化功能主要是指学生的社会化过程。学生的社会化也是高校体育教学的一个重要目标，学生社会化的内容和要求是与高校体育教学的"教化"目标相一致的。这主要是由于高校要想与社会环境保持一种协调与平衡的关系，就需要深入开展体育教学，使体育教学充分发挥促进学生社会化的作用。

（二）社会传播功能

高校向社会传播体育知识，主要是通过体育教学活动的开展实现的。高校开展体育教学有助于促进整个社会体育的发展。正因为高校体育教学具有社会传播功能，所以其深深地影响了社区体育和全民健身运动。

高校体育教学需要通过体育文化的延伸才能发挥传播功能。以高校体育文化的不同延伸方向为依据，可以将其分为两类，即纵向延伸与横向延伸。

纵向延伸指的是体育教学在时间上所产生的延续性影响，具体是指高校通过开展体育教学活动引导与培养学生这一主体的体育意识和行为，以学生为载体，从时间上延续对学生体育意识与行为方面的影响，从而广泛影响大众体育和全民健身活动。

横向延伸指的是体育教学在空间上所产生的拓展性影响，具体是指高校通过举办开放性的体育活动，将校内的体育场馆设施向社会开放，通过这种方式弘扬体育精神，从而更好地传播学校体育文化。

（三）社会辐射功能

高校体育教学的社会辐射功能主要是指高校体育的文化态势会对社会产生广泛的影响。学校这一场所担负着传播精神文明的职责，因此，学校的文化层次与品位要高于其他场所的文化层次与品位。

从个人方面而言，个体不断学习不仅是要掌握专业知识与其他知识，而且要用心接受精神文明的洗礼，促进自身思想道德水平和文化修养的提高，养成文明的行为习惯，这样在步入社会之后能够给他人带来积极的影响。

从群体方面而言，作为一个整体，学校是由许多个体组成的，通过开展体育教学活动，个体的行为素质与修养得到提高，必然会促进社会整体素质的提高。

高校体育教学通过不同的传播载体与传播形式，能够对家庭体育和社会体育的内容及形式产生积极的影响。大学生在体育教学中养成良好的体育锻炼习惯，在步入社会之后这一良好的习惯会随着其生活方式、行为习惯向社会传播，这就体现出高校体育教学所具有的社会辐射功能，这一功能有利于加快高校体育的社会化进程。

第四节 高校体育教学的时代使命

现代社会已经进入一个快速发展的时代，在这样的时代，社会对大学生提出的要求越来越高，对高校体育教学也提出了一定的时代要求。高校体育是高校素质教育的重要形式，也是我国由体育大国迈向体育强国的重要组成部分。高校体育教学在促进大学生身心健康发展的同时，对素质教育、全民健身和体育文化的发展也有一定的作用。

一、高校体育教学与素质教育

（一）高校体育教学是实现素质教育的途径

我国于 20 世纪末提出了深化教育改革、全面推进素质教育的思想，指出要在全国范围内推行素质教育，把德育、智育、体育、美育等有机地统一到教育活动的各个环节中，学校教育不仅要重视智育，更要重视德育，还要加强体育、美育等方面的建设，使各方面教育相互协调，共同发展，从而促进学生的全面发展。

高等教育作为我国教育的重要组成部分，是素质教育的重要阵地之一。素质教育的核心是促进学生全面发展，即促进学生思想道德素质、文化素质、科学素质和身心健康素质等方面的全面发展。高校体育教学可以提高学生的综合素质，是实现素质教育的重要途径。

（二）素质教育对高校体育教学的要求

1.注重学生的主体性

随着素质教育的推行，以及高校体育教学的不断改革，学生的主体性地位越来越明显。从课程的设计到课程的实施，都凸显了以学生为主体的特性，充分发挥了学生的主观能动性，提高了课堂的互动性。

2.注重学生的全体参与性

由于每个学生的身体素质和运动水平各不相同，因此在高校体育教学中应注重学生的全体参与性。素质教育要求每一名学生都应该得到平等的教育，每一名学生都应该被认真对待。体育教师应根据学生的个体差异设计体育课程，促进每一个学生身心健康发展。注重学生的全体参与性是素质教育对高校体育教学的必然要求。

3.促进大学生身心健康发展

大学生是建设祖国的栋梁，除具备一定的科学文化素质外，还必须拥有强健的体魄和良好的心理素质，才能在激烈的竞争中脱颖而出。高校体育教学要将促进大学生身心健康发展作为教学目标，这也是现代社会对个体健康的最新要求。

二、高校体育教学与全民健身

（一）高校体育教学是全民健身的重要保障

1.全民健身顺应时代发展要求

随着我国社会的快速发展和科学技术水平的不断提高，给人们的生产和生活带来了极大的便利，但是工作方式上的一些变化，如久坐不动、体力活动减少，以及高油、高热量食物的摄入，导致了一系列影响人们身心健康的疾病。体育锻炼是促进人们身心健康的重要手段，我国实行的全民健身计划就很好地发挥了体育锻炼在人们生活中的作用。

2.高校体育是全民健身的实施重点

学校体育一直是我国体育事业的重要组成部分，是全民健身的实施重点。目前，由于受传统教育方式的影响，中小学的体育教学未能取得很好的教学效果，因此高校体育课堂成了学生学习体育技能、掌握运动技术的主阵地。学生在大学期间习得的体育技能和锻炼习惯会促使他们在走向社会以后继续坚持锻炼，养成终身参与体育健身的好习惯，为全民健身计划的实施做贡献。

（二）全民健身对高校体育教学的要求

1.培养学生的体育兴趣和技能

兴趣是最好的老师，拥有一定的体育兴趣是人们坚持体育锻炼的不竭动力。因此，在高校体育教学中，体育教师要培养学生的兴趣，让学生对某一个运动项目产生浓厚的兴趣，根据兴趣培养学生的体育技能。

2.引导学生形成终身体育的生活方式

随着我国社会的不断发展，体育锻炼已经逐渐成为很多人生活中的一部分，自觉地、有规律地参与体育锻炼成为健康生活方式的标志。体育教师要向学生阐述终身体育的理念，引导学生形成终身体育的生活方式。

三、高校体育教学与体育文化

（一）营造体育文化氛围

体育文化是促进体育发展的内在动力，因此，如何营造良好的体育文化氛围非常重要。大学校园是营造体育文化氛围的最好场所之一，大学阶段也是人一生中提升文化修养的最好时期。高校可以通过举办校园马拉松、校园运动会、体育明星进校园等活动，营造积极、健康的体育文化氛围。

（二）传承民族传统体育文化

我国是一个多民族的国家，具有丰富的民族传统体育文化。高校应因地制宜，开设一些民族传统体育课程，如武术、太极拳等，可以很好地传承民族传统体育文化，对促进我国体育文化事业的发展具有深远的意义。

第二章 高校体育教学内容

第一节 高校体育教学内容的概念、特性和分类

一、高校体育教学内容的概念

高校体育教学内容是那些以身体练习、运动技能学习和教学比赛等为形式，经过组织加工后的，可以在教学环境下进行的内容总称。

高校体育教学内容与一般教育内容的区别，主要表现为以下几点：

第一，它是根据学生发展需要和教学条件而加工出来的教学内容。

第二，它是以大肌肉群的活动状态进行教育的内容。

第三，它是在体育教学环境下传授的。

例如，语文、数学等学科没有以运动为媒介，也没有以技能形成为目标，因此，没有人认为其教学内容是体育教学内容；而一些与人体活动密切相关的教育形式和内容，如军训伴有大肌肉群运动，但由于其培养目标不是形成运动技能，也不是在体育教学环境下进行的，因此也不被认为是体育教学内容。

高校体育教学内容也有别于体育运动的内容，主要表现为以下几点：

第一，体育教学内容是以教育为目的的，体育运动内容则不是以教育为主要目的，而是以娱乐和竞技等为主要目的。

第二，体育教学内容必须根据教育的需要进行必要的改造、组织和加工，而对体育运动内容则不必进行这种改造。

例如，奥林匹克运动会中的田径是以夺取竞技胜利为目的、按公正比赛的原则进行组织和加工的内容体系，因此它没有必要考虑怎样通过田径实现教育目的，也不必从教育的角度出发去做什么改造。而作为教学内容的田径，则必须根据某个阶段的教学目标、受教育者的年龄和身心特点、学校的场地器材情况、教学课时和教学计划安排予以改造，因此它在许多地方有别于在竞技场上进行的田径运动。

现实中，有些同名的体育运动内容和体育教学内容会有很大差异。体育教学内容属于教育内容，但在形式上与很多教育内容相去甚远；同时，体育教学内容来源于体育运动内容，形似于体育运动内容，却在体系上不同于为了娱乐和竞技的体育运动内容。这形成了体育教学内容的独特性质和在教育内容中的独特位置，也使得体育教学内容的选择、加工以及教学过程都更加复杂多变，使得"竞技运动教材化"的必要性和紧迫性更为突出。

二、高校体育教学内容的特性

作为高校教育内容的一个重要组成部分，体育教学内容既具有与其他学科教学内容相同的特性（如教育性、系统性和科学性等），也具有自身的独特性。总体而言，高校体育教学内容的特性如下。

（一）教育性

高校体育教学内容是对受教育者身心进行教育的重要载体。当人们把众多的体育运动内容选为教育内容时，首先想到的是其教育性。高校体育教学内容的教育性主要体现在以下几个方面：

第一，对大多数学生来说较为适合。

第二，对学生的身心发展有利。

第三，既有一定的冒险性又相对安全。

第四，摒弃了危险度高的内容。

第五，避免了过于功利性的内容。

（二）系统性

高校体育教学内容的系统性主要表现在以下两个方面：

第一，体育教学内容本身必须有它的系统性，虽然这个系统性由于体育运动的特点，不同于其他教育内容的系统性，但体育运动内在的规律使内容与内容之间、项目与项目之间、技术与技术之间有着某种相关的联系和制约因素，形成体育教学内容的内在结构，而这一内在结构是我们编制体育教学内容的依据。

第二，我们必须根据教育目标、学生年龄阶段的生长发育特点、教学环境和教学条件等方面的因素认识体育教学内容的内在规律性，系统地、合乎逻辑地安排各个学校、各个年级的教学内容。

（三）科学性

由于体育教学内容是在学校进行的有目的、有计划、系统的教学内容，因此体育教学内容也必须同其他的教育内容一样，具有很强的科学性。高校体育教学内容的科学性主要体现在以下三个方面：

第一，高校体育教学内容本身具有丰富的内涵，是人类文化和科学的结晶，如身体科学原理、锻炼科学原理、训练科学原理以及相关的社会科学原理等。

第二，在筛选高校体育教学内容时，人们会有意识地把那些科学和文化含量高的内容优先选择到教学内容中来。

第三，在编制高校体育教学内容时，必须遵循有关规律与原则。

（四）健身性

由于高校体育教学内容的很大一部分是以大肌肉群运动为主的技能学习与练习，学生学习高校体育教学内容就必然会对身体形成一定的运动负荷，因此在运动量合理的情况下，参加体育教学内容的学习和练习，都会起到锻炼身体的作用。虽然这种锻炼作用受教学时间的安排、运动量的多少等各种因素的影响，经常处于非组织状态（即对健身作用的难以控制性），或者说只是一种副产品的状态。

针对这样的情况，在教学实践中有很多追求体育教学内容健身性的努力，如在编制体育教学内容时根据受教育者的身心特点将这些健身作用进行科学设计和控制，在体育教学中将以身体不同部分为主的内容进行搭配的尝试；在教学过程中对运动负荷大小进行合理安排的尝试；对教学内容的健身效果予以评价等。高校体育教学内容的健身性是其他教育内容所不具备的。

（五）人际交流的开放性

由于高校体育教学内容多是以集体活动的形式进行的，而运动是以位置的变动方式进行的，在运动、练习和比赛中，人际交往是极其频繁的。因此，与其他的教育内容相比，高校体育教学内容具有更加明显的人际交流的开放性。

高校体育教学内容以人际交流的开放性为基础，构成对集体精神，竞争、协同意识培养的独特功能，使得在体育教学内容的学习过程中师生、生生之间的关系更加密切，一些以小组为单位学习的内容使得组内的各种分工明确，在体育学习中的各种角色变化远远多于其他的教育内容。

（六）运动实践性

运动实践性是高校体育教学内容最突出的一个特点。这里的运动实践性是指高校体育教学内容绝大部分是以身体练习的形式开展的体育运动，体育教学内容与体育实践活动密切相连，受教育者本人必须在从事大肌肉群运动时才能真正学会这些内容。

当然，高校体育教学内容也有与其他学科一样具有知识学习和作风培养的内容，但是高校体育教学内容的知识学习和作风培养必须通过运动的学习和实践来体验，通过运动中的本体肌肉感觉和记忆才能准确获得，这一点与其他学科的教育内容形成鲜明的对比。

（七）娱乐性

体育教学内容来自体育运动内容，而体育运动的大部分又来自人的娱乐性运动，因此体育教学内容自然内含运动的乐趣和娱乐性。体育运动的乐趣体现在运动学习和运动竞赛过程中的竞争、协同、克服等心理过程中，体现在受教育者对新的运动的体验和对学习进步的成就感等方面，体现在运动的环境、场地、比赛规则、比赛形式等变化和加工方面。

当受教育者在学习体育教学内容时，必然存在对这些运动乐趣的追求动机，体育教学的效果也受到体育教学内容娱乐性的影响，这也是体育教学内容与其他文化课教学内容的重要区别。

三、高校体育教学内容的分类

高校体育教学内容的分类历来是一个令体育教学工作者颇费脑筋的事情。因为体育活动来源于多种不同目的的活动，具有诸如健身、娱乐、培养技能、进行思想品德教育等多种功能，对人的身心有着不同的影响。它可以为多种教育目标服务，也可以根据从事的活动形式分成多种类型，而且不同的运动有其不同的乐趣特征。因此，高校体育教学内容可以根据"功能""目标""作用""形式""乐趣特征"等多种分类方式进行分类。现实中高校体育教学内容的分类方法虽然是多种多样的，但基本上以下面两种分类方法为主。

（一）以运动项目分类

以运动项目分类是一种常见的分类方法，它是按照运动比赛的名称和内容进行分类的，如篮球、足球、田径、体操、武术、游泳等。这种分类方法的优点是它与社会上的体育运动相一致，容易理解名称和内容，但是缺点也比较多，具体有以下几点：

第一，这种分类方法容易否定一些中间性的项目和一些没有正式比赛或比赛还不规范的体育项目，如手垒球、角篮球等。

第二，由于运动项目是以赢得胜利为目的的，正式比赛的项目在规则上、技能细节上、小项目设置上要求较高，因此往往不符合教育的实际条件，如田径中的链球、铁饼、3000米障碍、400米跑的项目设置不适合作为大学生的体育教学内容，需要做大幅度的改造，而改造后的内容与原来的运动项目有较大的差异，失去了原来运动项目的特点。

第三，对"竞技运动教材化"有一定的影响，如蹲距式起跑是田径运动跑项目的基础技术，而作为体育教学内容，发展学生跑的能力是目的，而蹲距式起跑快慢则是次要的。但是，如果改为各种形式、各种方向的起跑，就必然与人们印象中的"田径"有很大的差距，就会使受教育者感到疑惑。

（二）以体育教学内容的内在功能分类

以体育教学内容的内在功能分类比较常见的有以健身功能进行分类、以身体基本活动能力进行分类、以娱乐性进行分类三种分类方法。

1.以健身功能进行分类

由于不同运动的形式、运动量特点都有很大不同，因此用运动对人体的促进作用（健身性）进行分类也是可行的。这种分类方法的优点是它在发展学生身体素质方面目标明确，有利于学生完成体育锻炼任务和帮助学生认识各运动项目与身体发展之间的关系。这种分类方法的缺点是有些项目不是单纯以一种身体发展的形式表现出来的，而是具有综合性。另外，这种分类方法容易忽略对体育教学内容文化特性的认识。

2.以身体基本活动能力进行分类

这是在实践中常见的一种分类方式，它是以人的走、跑、跳、投、攀、爬、钻等动作技能来划分体育教学内容的。这种分类方法的优点有以下两方面：

第一，有利于发展学生的各种动作和活动能力，不受成型运动项目的限制。

第二，有利于组合教材，特别适合对低年级的教学内容进行分类。

这种分类方法的缺点有：

第一，不利于对某一运动项目技能的培养。

第二，不易满足高年级学生对竞技体育的追求，使其缺乏运动的动机。

3.以娱乐性进行分类

由于体育运动的大部分项目是从娱乐项目中发展而来的，因此可依据娱乐性对其进行比较妥当的分类。这种分类方法的优点有：

第一，有利于把握运动中的娱乐性特点。

第二，有利于根据这些特点编制体育教材，使学生愉快地学习并有效地把握运动的方法。

第三，有利于使学生领会运动的乐趣。

第二节 高校体育教学内容的选择

一、高校体育教学内容选择的依据

（一）体育课程目标

体育课程内容是实现体育课程目标的手段，而不是目的。体育课程目标的多元性以及体育运动项目和身体练习的可替代性，增加了体育课程内容选择与组织的多样性。因此，体育教师在选择体育课程内容时应依据一定的标准。

体育课程目标是体育教师选择、组织体育课程内容的主要依据，这是因为体育课程目标作为编制各个阶段体育课程内容的先导和方向，作为对学习者的理想期望，是专家、学者、教师等经过周密的思考，认真研究了社会、学科、学生等不同方面的特点与需求的成果。因此，体育教学内容必须根据体育课程目标进行选择，即有什么样的体育课程目标，便有什么样的体育教学内容。

（二）学生的需要及身心发展规律

体育教学的目的是促进学生的身心健康发展，因此体育教师在选择体育教学内容时，要充分考虑学生的体育需要和兴趣。学习是一个主动的过程，这个过程需要学习者自身积极的努力。一般来说，当学习者遇到感兴趣的内容时，就会主动学习，从而获得良好的学习效果。正如著名教育家约翰·杜威（John Dewey）所说："当学习是被迫的而不是从学习者真正的兴趣出发时，这种学习相对来讲是无效的。"许多研究表明，大多数学生喜欢课外体育活动，却不喜欢上体育课，其中一个很重要的原因就是对教学内容不感兴趣。

学生的身心发展规律与特点决定了其对教学内容的接受程度，体育教学内容必须是学生经过努力可能接受的。因此，体育教师需要根据学生的身心发展特点确定教学内容的深度、广度和难度。

（三）社会发展的需要

学生个体的发展总是与社会的发展交织在一起。体育教学是为学生的未来健康打基础的，体育教师在选择体育教学内容时，必须考虑现实社会与未来社会的需要。体育教学内容的选择不可忽视未来公民适应社会发展所必需的体育素质。因此，体育教学内容要满足学生在身体、心理和社会适应能力等方面发展的需要。另外，体育教学内容只有与社会生活、学生生活紧密联系，才能充分发挥它的功能。

二、高校体育教学内容选择的原则

（一）教育性原则

我们在面对体育素材的时候，应从教育的基本观点去审视它，看它是否符合教育性原则，是否与国家、社会的价值观念冲突，是否对学生的身心发展有利。

体育课程内容的选择应该紧扣体育课程的主要目标，把"健康第一"的指导思想作为确定体育课程内容的基本出发点，同时重视教学内容的体育文化含量，以提高学生的体育文化修养。

高校体育应以培养学生在品德、智力、体质等方面的全面发展为目标，坚持理论和实际相结合的原则，既要讲述人体科学知识，又要取得锻炼身体的实际效果。高校体育教学内容的选择要充分考虑学生的个体差异与不同需求，确保每一位学生都能受益。

（二）科学性原则

体育教师在选择体育教学内容时，要注意教学内容的健身性和兴趣性，但这并不意味着未来的体育课程就不必关注教学内容的科学性。这里讲的科学性有三层含义：

一是教学内容要有利于学生身心的协调发展。有些内容有利于学生身体健康，但不一定有利于学生心理健康，反之亦然。

二是教学内容要有利于学生了解科学锻炼的原理和方法，从而提高学生锻炼的自觉性和积极性。

三是教学内容本身的科学性。体育教师在选择体育教学内容时，要注意防止一些不科学的活动内容进入体育课堂。

（三）实效性原则

体育课程是一门以身体活动为主要手段、以增进学生健康为主要目的的课程。可以这样认为，一切对学生健康有利的内容都可以被纳入选择的范围之内，这样可以使体育教学内容更加丰富多彩。

所谓实效性，简单地讲就是某一活动是否实用、是否简便易行、是否有利于学生身心健康。因此，体育教师在选择体育教学内容时，一定要注意既要选择与学生自身的体育学习兴趣和经验相接近的，又要选择大众喜欢的、社会上比较流行的，有很好的健身娱乐效果的运动项目，为终身体育奠定基础。

（四）趣味性原则

体育教师在选择体育教学内容时，一定要根据学生的年龄和性别特点，在科学性和可行性的基础上选择那些学生感兴趣的、娱乐性比较强、社会上广泛流行的体育素材。毋庸置疑，许多竞技运动项目具有健身价值和教育价值，但是，由于我们长期以来只关注竞技运动项目教学的系统性和完整性，把培养运动员的教学方法带进体育课堂，结果使许多学生对体育课的教学内容失去兴趣。因此，体育教师在选择体育教学内容时要坚持趣味性原则，以激发学生的学习兴趣。

（五）民族性与世界性相结合原则

体育课程内容的选择既要汲取我国民族传统体育素材中的精华，又要借鉴和吸收国外体育课程内容设置的经验和合理内核；既要打破故步自封的局限性，又要防止崇洋媚外的做法。体育课程内容的选择还应做到与时俱进，体现时代性、民族性和中国特色。

第三节 高校体育教学内容的开发与利用

一、开发丰富的体育教学内容

高校体育教学内容要随着社会的发展而不断丰富。高校开展体育教学，要从学生的身心健康和体育爱好等多个方面综合考虑，在开发体育教学内容时，要尽可能突出教学内容的丰富性，提高学生参与体育教学的积极性。

高校在开发体育教学内容时，可以将社会上流行的体育项目，如攀岩、搏击、射击、武术、跆拳道、瑜伽等引进体育课堂中。有条件的学校还可以开展冰球、马术、皮划艇等项目的教学，以满足学生的竞技需求、娱乐需求、健身需求。

二、深入研究三个基本概念之间的关系

目前，我们对体育教材、课程内容、教学内容关系的了解停留在表面，要想对此有清晰且深入的认识，还需要经过很长的时间才能实现。我们通常所说的运动素材是教学内容的上位概念，教学内容具体细化演变成教材是从逻辑关系的视角进行分析的。然而，当体育课程教学中出现教材后，教材又可以演变为什么，是体育学科中常说的"教学内容"，还是"教材内容"，或者是其他的概念，这个问题在体育教学内容研究中并未受到关注，还需要对其进行深入的研究。

三、体育教学内容的传统与创新性结合

竞技运动项目是传统体育教学的主要内容，在竞技运动教学中，各项目的技术是教学的重点。尽管传统体育教学内容比较单一，但是我们不能以否定的态度排斥所有的传统体育教学内容。学校要以本校的现实状况为依据，有机结合传统体育教学内容、校本教材、地方特色项目以及特色教材内容，尽量选取具有传承性、趣味性和本土特色的教材，使优秀的地方文化能够不断传承下去。

四、合理选择体育教学内容

（一）与目标一致

高校在体育教学内容的选择上有很大空间，但这也给体育教师把握教学重点增加了难度。体育教学目标是一定的，高校在一定的教学目标的引领下选择教学内容相对来说比较容易。高校要在严格考虑体育教学目标的基础上选择体

育教学内容，所选的内容必须体现体育教学目标的要求，对传统体育教学中不符合教学目标的内容必须进行适当的改革，从而使学生在有限的体育课堂上牢固掌握运动技能，实现体育教学的目的。

（二）与实际情况相符

学校的教学设施、教师的教学能力、学生的身体素质与基础能力等都是学校选择体育教学内容时应当考虑的因素。有些学校选择的教学内容虽然比较新颖，但与学生的实际情况不符，只是为了突出个性与特色，这样的教学内容无法使学生真正掌握体育知识和技能，也会使学生对体育课的作用与价值产生怀疑。为了解决这一问题，高校应积极开设体育选修课，将传统体育项目与新兴体育项目有机结合。

五、构建体育教学内容新体系

体育教学内容是在体育课程设置的基础上解决学生学什么、教师教什么问题的关键。在健康教育理念下，构建体育教学内容新体系应注意以下几点：

首先，处理好竞技项目与竞技体育、传统项目与传统体育的关系。从理论上说，竞技体育是以极限负荷为主要特点的运动，竞技项目是竞技体育活动的形式，它可以是大负荷的活动形式，也可以是小负荷的活动形式。传统体育与传统项目一样，可以作为极限运动，也可以作为休闲活动。因此，竞技项目、传统项目及其他体育活动项目都可以成为体育教学的内容，具体要以体育教学目标为依据进行精选与优选。

其次，要体现以人为本的教育理念，改革以往统一、机械的内容组合。改革的要求是教学内容弹性化、健康化，只有将健康教育与技能教育结合起来，才能真正实现体育与健康教育的结合。

最后，在开发和利用体育教学内容时，应从学生适应社会发展的需要出发，分层次、有重点地选择健身价值与社会价值都很高的内容。此外，高校还要根据不同学生的特点选择教学内容，争取使各年级的教学内容相互配合、衔接连贯。

第三章 高校体育教学目标

第一节 高校体育教学目标的内涵与功能

一、高校体育教学目标的内涵

在体育教学过程中，教师与学生预期达到的标准和结果就是体育教学目标。对教师而言，体育教学目标是教授的目标；对学生而言，体育教学目标是学习的目标。下面主要从四个方面来深入理解高校体育教学目标的内涵。

第一，在体育教学活动中，体育教学目标的地位举足轻重，体育教学大纲与计划的制订、体育教学内容的组织、体育教学方法的选择以及体育教学过程的安排都要以体育教学目标为导向。所以，在体育教学设计中，首要环节就是制定科学、合理的体育教学目标。

第二，体育教学目标是体育教学的预测结果，对体育教学活动的效果进行评价时，需要参考的一个重要标准就是体育教学目标，只有参照确定的指标进行衡量，才能知道教学结果如何，是否达到预期目标。所以，在制定体育教学目标时，应确保其可测量。

第三，体育教学目标可以分为现实目标与理想目标，这主要是以目标的层次为依据进行划分的。

第四，体育教学目标可以分为三个水平，即合格、中等、优秀，这主要是以学生学习基础和学习能力的差异为依据进行划分的。其中，合格水平要与课程标准的最低要求相符，中等水平要与课程标准的基本要求相符，优秀水平要与课程标准的最高要求相符或超出最高要求。

二、高校体育教学目标的功能

分析高校体育教学目标的功能有助于了解高校体育教学目标，为高校体育教学目标的制定提供科学依据。具体来说，高校体育教学目标有以下功能。

（一）激励功能

体育教学目标是体育教学目的和活动价值的集合，是学校开设体育课程所要达到的一种目的和效果。明确的体育教学目标能够激发学生对体育学习的兴趣，而且目标中的功能和效果能够提高体育教师对体育教学的热情，激励体育教师科学开展体育教学工作，保证教学目标的实现。对社会而言，体育教学能够培养符合时代要求的接班人，这一目标激励着学生、教师和教学研究者重视体育教学。

（二）定向功能

体育教学目标实际上就是体育教学所要达到的一种方向，指导着体育教学活动按照一定的方向进行；体育教学目标反映了体育教学的目的，体育教学的目的是体育教学所要达到的效果。例如，学校开设体能训练课程的目的就是增强学生的体能，促进学生身心健康发展，体育教师在教学的时候会朝这个方向不断努力。所以，体育教学目标对体育教学而言具有定向功能。

（三）评价功能

任何一个学科的教学过程都需要教学目标，它不仅在教学中发挥着激励作用和定向作用，同时也是教学的评价标准。例如，学校开设篮球课程的根本目标是让学生学会篮球运动的相关技能和知识，这也是体育教师在教学过程中努力的方向。如果体育教师完成了这一教学目标，那么这名体育教师就获得了相应的教学成就，是一名合格的体育教师；如果不能实现这一教学目标，那么体育教师就没有完成自己的教学任务。由此可以看出，体育教学目标具有评价功能。

（四）规范功能

体育教学相对于其他学科的教学而言，具有复杂性，再加上新课程标准的要求，更加大了体育教学的难度，这就使得有些体育教师在开展体育教学的过程中，无法保证体育教学的科学性，最终造成不好的影响。体育教学目标是体育教师教学过程中的参考，规范了体育教学过程中教师的行为和教学的内容，使得体育教学能够按照科学的程序进行，促进了体育教学质量的提高。

第二节 高校体育教学目标的制定

一、高校体育教学目标制定的依据

（一）社会需要

高校人才培养的规格与质量在一定程度上反映了社会需要。在现代社会，人们的精神需求及生活节奏等都在随着科技的发展而不断变化。激烈的国际竞争既是各国综合国力的竞争，也是各国科学技术和人才的竞争。高校体育必须结合德育、智育等教育内容，为我国培养全面发展的时代新人。

随着时代的发展，人们对健身、娱乐等活动产生了强烈的需求，这就为大众体育活动的普及和全民健身活动的开展提供了基础条件，同时也要求高校体育教学不但要增强学生的体质，而且要有组织地培养具有体育才能的学生，使他们将来能够成为社会体育发展的骨干人才，为社会体育事业的发展贡献一己之力。

（二）学生发展的需要

教育是一种改变人行为方式的过程，这个"行为"是从广义上说的，它既包括外显的行动，又包括思维和感情。体育教学目标就是体育教学寻求学生发生各种行为变化的目标。要使体育教学达到预定的目标，就必须对学生进行深入研究。

1.学生身心发展的规律

体育课程的主体是学生，体育教学的内容和方法选择都要以学生身心发展的规律为依据。学生心理发展的特点主要包括学生的认知发展、情感和意志发展、个性发展三个方面；学生生理发展的特点主要包括身体的形态发育、机能发育和素质发展三个方面。不同年龄段的学生，其身心发展的特点是不一样的。高校体育教学工作必须按照学生身心发展特点开展，才能达到预先制定的目标。因此，学生身心发展的规律是制定体育教学目标的重要依据。

2.学生全面发展的需要

教学与发展的问题是教育学的核心问题之一，它同教育学其他重大问题有这样或那样的联系。"发展"主要是指人的发展。关于人的发展历来是哲学、心理学、社会学、人类学和教育学等众多学科关注的重要课题。教育学把人的发展看作个体的人的天赋特性和后天获得的一切量变和质变的复杂过程，即由一个生物性的个体变成一个具有无限创造能力的社会成员，其中包括身体、智力、品德、审美和劳动技能等的形成和发展。

教育学中讨论的人的发展，既包括人的自然发展，又包括人的社会发展。人的自然发展和社会发展是密切关联、相辅相成的，当然，也有自然发展包含着一部分社会发展和社会发展包含着一部分自然发展的情况。由此可知，学生个体发展实质上是人的自然成长因素、社会因素和基于社会的教育过程综合作用的结果，这也说明了为什么学生在同样的教育环境中会表现出不同的学习能力和发展水平。

作为体育教学的主体——学生，无论是否接受体育，都会在自然因素和社会因素的影响下成长和发展。而体育教学的作用则是通过体育的手段引导和鼓励学生，使其能够更为健康地成长和发展。由于体育教学的任务是培养、塑造处于不断发展中的人，所以体育教学的主要目标是"发展人"。

二、高校体育教学目标制定的要求

（一）明确

明确是制定体育教学目标的基本要求，只有体育教学目标达到这一要求，体育教师才能在体育教学中选用正确的教学方法，合理组织体育教学过程。

（二）一般与具体相结合

体育教学目标是具体的目标，对具体目标的制定要以体育课程标准中提出的一般目标为依据，只有这样，才能使具体目标发挥统一指导的作用，才能促进体育教学活动的有序开展。

（三）有一定的弹性

体育教学目标要符合学生的实际与个性，就必须在设计时保留一定的弹性，对目标的上限和下限予以明确。上限是为基础好的学生能够得到进一步发展，满足其个性需求而设置的，下限是要保证基本的教学要求。

（四）注意纵横关系

在制定体育教学目标时，要充分考虑目标的纵横关系，使目标之间相互配合。

第三节 高校体育教学目标的体系

高校体育教学的总目标是促进大学生身心健康、全面发展，提高大学生的体育意识与体育锻炼能力，使之成为满足社会主义现代化建设所需的高层次人才。高校体育教学的总目标从根本上反映了体育的本质特征，是我国体育发展的基本要求，也是大学生社会化发展的需要。在高校体育教学总目标的指导下，要逐步实现具体的多维目标。

一、基础目标——强体

强体是体育学科的基础功能，也是学生系统化参与体育学习的首要目标。从高校体育教学的定位来看，通过面向不同大学生开展具有差异化、针对性的体育教学，能够使大学生的健康水平得到有效提升。同时，高校要按照大学生的成长规律制定体育教学方案，对大学生的体质健康状况进行动态追踪，为大学生健康成长提供科学、有效的保障。高校通过开展系统化的体育教学，有助于提升大学生的身体素质。

二、重要目标——铸品

铸品是体育教学的核心功能，也是体育教学的重要目标。品行是一种内在修养，是自我约束与规范行为举止的重要体现。大学生通过参与体育活动，能够自觉进行自我约束，实现从外在行为到内在心理的全面提升。同时，体育教学具有极强的实践特征与示范效应，在开展体育教学过程中，通过评比先进模范、树立典型榜样，能够对大学生的行为举止产生直接影响，有助于大学生见贤思齐，提升品德素养。

三、关键目标——立德

立德是体育教学的灵魂，也是体现体育教学价值的关键目标。体育教师通过挖掘体育学科中蕴含的德育元素，结合大学生实际，进行合理引导与专项培养，能够使道德体验有效转化为大学生的内在道德品质，提高大学生的道德认知水平。此外，在当前推进体育课程改革的进程中，除了要做好强体育人，更重要的是挖掘体育课程中蕴含的德育内容，以体立德。

高校体育教学的目标基本围绕运动能力、健康行为和体育道德来设置，其中，强体是基础，健康行为是大学生成长的重要要求，体育道德则是体育学科的灵魂，与培养"全面发展的学生"的目标相一致。

上述目标并不代表高校体育教学的全部目标，更多的是对相似目标的整合。以强体为例，它既包含了大学生身体素质的提升，也包含了大学生运动技能的提高。因此，要结合高校体育教学实际以及大学生的成长规律，不断完善、优化体育教学目标。

第四节 高校体育教学目标的改革与管理

一、高校体育教学目标改革的思路

（一）强调快乐情感体验

在高校体育教学中，应该让学生通过学习体育课程，感受到体育的魅力，体会体育的乐趣，获得良好的体验，这也是新课程理念强调的重点。学生只有获得良好的体验，才能积极主动地学习体育知识、练习体育技能，也才能保证教学的质量与学习的效果，顺利实现体育教学目标、完成体育教学任务。因此，高校体育教学目标的改革要满足学生情感体验的需求。

（二）注重对学生体育能力的培养

传统体育教学一般是教师机械地传授知识与技能，学生被动地接受，在一段时间的教学后，教师考查学生是否掌握了所学知识，学生的运动技能是否达到一定的水平。教师不关心学生是否具备基本的学习能力与体育能力，这就直接影响了学生主动性的发挥。素质教育要求培养学生的学习意识和学习能力，因此，在体育教学中，教师应注重对学生体育能力的培养，引导学生养成自觉参与体育锻炼的习惯。

（三）尊重学生的个体差异

新课程理念对确立课程学习中学生的主体地位进行了特别强调，主要体现在以下两个方面：

第一，课程教学要使学生个体发展需要尽可能地得到满足。

第二，重视学生的个体差异，使每个学生都能从中受益。

学生的个体差异是客观存在的，体育教师只有尊重学生的个体差异，才能因材施教，使每一个学生都能学到自己需要的知识和技能。

（四）重构师生共适的体育教学目标

高校体育教学目标的实现不仅需要教师明确教的目标，还需要学生明确学的目标，只有将二者统一起来，高校体育教学的总目标才能实现。但在当前我国高校体育教学中，教育工作者往往认为教学目标就是教师教的目标，教的目标是主要目标，学生学的目标总是被忽视，教的目标与学的目标出现偏离，导致学生对体育课没有太大兴趣，体育教学效果不好。

事实上，在体育教学中，教师教的目标和学生学的目标同等重要，因此，要让师生共同制定教学目标，使教的目标与学的目标有机结合，使教师教的需要和学生学的需要都得到满足。

（五）注重与基础教育阶段体育教学目标的衔接

合理衔接各阶段的体育教学目标既是学生成长规律的要求，也是促进学生体育学习持续发展的需要，将大、中、小学体育教学目标衔接起来的同时要有所侧重，要根据各学段的体育教学特征制定相应的教学目标。小学阶段的体育教学目标要为中学阶段的体育教学目标奠定基础，同样，中学阶段的体育教学目标要为大学阶段的体育教学目标奠定基础。

小学阶段的体育教学要重视对学生良好心理素质的培养，包括团结精神、协作意识以及自信心等。中学阶段的体育教学要重视对学生创造思维与创造力的培养。大学阶段的体育教学要重视完善学生的人格，为学生提供展示个性的舞台与机会，使学生的创造力有发挥的空间。

大、中、小学各阶段的体育教学目标相互衔接，体现了体育教学目标体系的层次性、系统性以及整体性，学生通过系统的体育学习能够获得良好的身体素质和运动能力。

二、高校体育教学目标的科学管理

（一）正确处理体育教学知识传承目标与育人目标的关系

体育教学的知识传承目标主要是指使学生熟练掌握运动技能，但学生在体育学习中只掌握运动技能是远远不够的。任何学科的教师都承担着"教书育人"的重要使命，体育教师同样如此。在"教书育人"中，"教书"指的就是知识传承，"育人"主要是指对学生的培养与教育。因此，在制定高校体育教学目标时，不仅要注重传承体育知识、技能的教学目标，还要重视育人的教学目标，二者缺一不可，否则会影响学生的全面成长与发展。

（二）制定科学的体育课堂教学目标

在高校体育教学中，体育教学目标始终是争论的焦点，随着研究的不断深入，体育教学目标发生了一定的变化，目前，我们将其归纳为"身体健康、运动参与、运动技能、心理健康与社会适应"四个方面的"四点论"。从本质上来看，各个阶段的体育教学目标是存在共性的，只是换了一种表述形式或对某些内容进行了增删、改动。所以说，体育教学目标的基本内容是不变的。体育教学中使用频率最高的目标是体育课堂教学目标，因此，体育教师必须重视制定科学的课堂教学目标，为体育课的顺利开展提供科学指导，从而提高体育课堂教学质量。

第四章 高校体育教学方法

第一节 高校体育教学方法的概念与特点

一、高校体育教学方法的概念

高校体育教学方法是指在高校体育教学过程中，为了达到高校体育教学目标和实现高校体育教学目的而采取的可操作的教学方式、途径和手段的总称。

二、高校体育教学方法的特点

高校体育教学方法与其他学科的教学方法既有共同的特点，又有其自身独特的特点。高校体育教学方法的特点主要表现为以下几个方面。

（一）可操作性

体育教学方法的作用方式、具体步骤、施用对象的具体要求等，都应是可以操作的，因此，可操作性是体育教学方法的基本特点。评价体育教学方法好坏的一个重要方面是看它是否具有较好的可操作性。可操作性不仅有利于体育教学方法作用的有效发挥，也有利于优秀体育教学方法的推广。

（二）实效性

体育教学的目标和任务确定之后，需要借助一定的教学手段、运用一定的教学方法予以实现。也就是说，体育教学方法的选择和运用不是随意的，在教学过程中，体育教师所运用的教学方法，不仅要有利于体育教学目标、任务的实现，而且要有利于教学效率的提高，能够充分调动学生的积极性，保证体育教学的质量。例如，体育教师为了让学生了解人体运动时参与的肌肉群，可以运用多媒体技术把人体运动时参与的肌肉群演示出来。如果体育教师想增加体育课的练习密度，可以运用循环练习法。这就是体育教学方法的实效性特点。如果体育教师机械地运用一种教学方法，学生的学习效果也较差，那么就该考虑是否需要运用其他的教学方法或创造新的教学方法。运用新的教学方法或创造新的教学方法时，体育教师也要考虑其实效性。

（三）针对性

体育教师应针对不同的教学任务、不同的教学对象、不同的教学过程选择不同的教学方法。新的教学方法的产生往往也是为了解决体育教学实践中存在的问题。因此，不同的教学方法有自己独特的功能和适用范围，实现着不同的教学目标。例如，针对体育知识和体育技术的教授有不同的教法；新授课、复习课、综合课也有不同的教法。所谓"因材施教"，是针对不同基础和兴趣的学生要采用不同的教学方法。总之，针对不同的教学对象和教学过程，体育教师要灵活运用不同的教学方法。

（四）时空性

体育教学方法存在于不同的教学过程当中，甚至在同一教学过程的不同阶段也有不同的教学方法。在体育教学的不同阶段，师生之间的地位发生着规律性变化，教学方法也随之起着不同的作用。在体育教学的开始阶段，教师的主导地位与作用较明显，随着时间的推移，学生的主体地位与作用逐渐突显。因此，体育教师要做到以下几方面：

首先，运用一定的教学方法激发学生的内在动力，激起他们的学习兴趣。

其次，组织学生参与各种活动，使其感知、理解与掌握教学内容。

最后，对学生的学习结果进行评价。

反过来，对照教学目标的完成程度，体育教师要制订新的教学计划，开始新的教学过程，如此循环往复。这样的教学过程，体现了体育教学方法的时空性。

（五）时代性

教学方法有其产生、发展的历史，体育教学方法亦是如此。不同的历史时期有不同的体育教学方法，这些体育教学方法受不同历史时期哲学思想、教育理念的影响。

近年来，随着科学技术的发展，多媒体技术开始进入体育教学领域，突出体现了体育教学方法的时代性特征。体育教学方法随着社会的变化和体育教学的发展而不断发展，体现了社会的发展与时代的要求。同时，体育教学目标、教学任务与教学内容也在影响着体育教学方法的发展。在体育教学实践中，体育教师必须根据时代精神和体育学科的发展需要，勇于开拓，推陈出新，使体育教学方法适应体育教学的实际需求。

第二节 高校体育教学的常用方法

一、以语言传递信息为主的高校体育教学方法

以语言传递信息为主的高校体育教学方法是指教师运用口头语言向学生讲授体育知识、传授运动技能的教学方法。以语言传递信息为主的高校体育教学方法有讲解法、问答法和讨论法。

（一）讲解法

讲解法是体育教师运用逻辑分析、论证，形象描绘、陈述，启发诱导性设疑、解疑，使学生在较短的时间内获得全面而系统的知识的一种方法。讲解法是一种常用的教学方法，其他的教学方法都要依托于讲解法。然而，由于体育教学的特点，体育教师在体育教学过程中不能过多地使用讲解法，不能形成"满堂说"和"满堂讲"的局面，而是要"精讲多练"。但是，也不能"只练不讲"，因为"既懂又会"的教学目标要求体育教师有高超的讲解水平，而"精讲"正是体育教师高超讲解水平的表现。

（二）问答法

问答法，也称谈话法，是教师和学生以口头语言问答的方式完成体育教学任务的一种方法。问答法的优点是便于启迪学生的智慧，培养学生的思考能力和语言表达能力。体育教学中的问答与文化课课堂上的问答在形式上有以下不同：

第一，体育教学中的问答往往是用简短的语言进行的。

第二，体育教学中的问答不能有太长时间的讨论。

第三，体育教学中的问答以伴随练习的思考为线索。

第四，体育教学中的问答分散在练习和讲解之中。

虽然广大体育教师注重运用问答法提高教学质量，但提出的问题过于浅显，使得提问失去了启迪学生智慧的意义。例如，体育教师在体育教学过程中提出下列问题：

（1）老师做得怎么样？

（2）大家做练习的积极性高吗？

（3）他做得好吗？如果他做得好，就给他鼓鼓掌。

第一个提问几乎没有任何教学意义，反而有点自吹自擂的意味，而且学生未必知道教师的示范好在哪里。第二个提问看似在引导学生进行自我评价，实际上评价的结论只能有一个——练习的积极性高，这样的提问不仅没有任何意义，而且显得非常奇怪。第三个提问也是如此，由于做示范的学生是教师挑出来的，其他学生自然要回答"好"，因此也没有教学意义。

三个提问都只需要很浅显的判断，而且没有第二个答案，因此是"不成为问题的提问"。美国著名体育教学论专家西登拓扑（Siedentop）将提问归纳为四种类型。

1.回顾性的提问

这是记忆性的问题，一般用"是"和"不是"来回答。例如，运球时，你的眼睛离开过球吗？

2.归纳性的提问

这是对以前提出的问题的归纳，回答这类问题时往往需要说明理由，而且答案可能是各种各样的。

3.演绎性的提问

这是运用以前学过的有关知识解决新问题的提问方法，回答要求有一定的创造性，但回答不必都是具有实证性的事实，学生在回答这类问题时会有各种各样的答案，也可能都是正确的。

4.价值判断式的提问

这种提问是一种态度上、认识上的提问，但答案并不是"正确"和"不正确"这类绝对性的判断。

根据西登拓扑对提问的归类，上述的三个提问应换种表述方式，具体如下：

（1）"想想刚才老师做的动作和你们自己做的动作有哪些不一样的地方？"学生可以归纳出老师做的动作与自己做的动作的不同点，不存在好坏的评价，属于归纳性的提问。

（2）"大家评价一下第一组和第二组，哪组做练习的积极性高？为什么这样说？"学生可以自主判断，属于价值判断式的提问和归纳性的提问。

（3）"谁来回答一下，他做的示范好吗？好在哪里？有哪些不足？"这属于价值判断式的提问和归纳性的提问。

（三）讨论法

讨论法是通过讨论或辩论活动，使学生获得体育知识或学习运动技能的一种方法。讨论法的优点在于能促进全体学生积极参加体育活动，培养学生的合作精神，同时还可以激发学生的学习兴趣。在高校体育教学中，由全体学生参加的讨论较难实现，效率也比较低，因此高校体育教学中的讨论往往是以"小群体教学"的形式进行的。

二、以直接感知为主的高校体育教学方法

以直接感知为主的高校体育教学方法是指教师通过对实物或直观教具的演示，使学生利用各种感官直接感知客观事物或现象而获得知识的一种教学方法。以直接感知为主的高校体育教学方法有动作示范法、演示法、纠正错误动

作法。

(一) 动作示范法

动作示范法是教师以自身完成的动作为范例，指导学生学习的一种方法。动作示范法是体育教师常用的教学方法，它在使学生理解所学动作的技术要点、领会动作特征方面具有独特的作用。

1. 动作示范的示范面

由于运动动作具有多样性，因此教师的动作示范要注意示范面。示范面是指学生观察教师示范的视角。示范面有正面示范、背面示范、侧面示范和镜面示范之分。

(1) 正面示范

教师与学生相对站立进行的示范是正面示范。正面示范有利于教师展示动作的正面，如球类运动的持球动作多用正面示范。

(2) 背面示范

教师背向学生站立进行的示范是背面示范。背面示范有利于教师展示动作的背面或左右移动的动作，以及动作的方向、路线变化等，如武术套路教学常采用背面示范。

(3) 侧面示范

教师侧向学生站立进行的示范是侧面示范。侧面示范有利于教师展示动作的侧面，如跑步中的摆臂动作和腿的后蹬动作。

(4) 镜面示范

教师面向学生站立进行的与学生同方向的示范是镜面示范。镜面示范的特点是学生和教师的动作两相对应，教师领做，学生模仿。例如，在做徒手操的过程中，学生完成的动作是左脚左移半步成开立状，教师的示范动作与学生的动作相对应，则是右脚右移半步成开立状。

2.动作示范的要素

（1）速度

为了帮助学生建立完整、正确的动作表象，教师应注意根据不同的情况运用不同的速度进行示范。一般的情况，教师可用常规的速度进行示范，但为突出显示动作的某些环节，应采用慢速示范。

（2）距离

教师应根据完成动作示范的活动范围、学生人数和安全需要等恰当确定学生观察动作示范的距离。

（3）视线

学生视线与动作示范面越接近垂直越有利于观察。在多数学生以横队形式观察示范动作的情况下，越靠近横队两端的学生，其视角就越不垂直。因此，学生观察示范动作的队形不宜拉得太长。学生多时，教师应让学生排成若干排横队观看示范动作，避免横队前列的学生遮挡横队后列学生的视线。

（4）多感官配合

教师的动作示范应与讲解紧密结合，以取得良好的教学效果。

3.运用动作示范法的基本要求

（1）动作示范要有明确的目的

动作示范要针对体育教学的实际需要进行，教师应区别以下三种动作示范：

第一种是认知示范。认知示范是使学生知道学什么的示范。这种示范的重点是使学生建立正确的动作表象。教师在进行这种示范时要引导学生注意整体，不要拘泥于细节。

第二种是学法示范。学法示范是告诉学生怎样学的示范。这种示范的重点是使学生了解动作完成的顺序、要领、关键、难点等。教师在进行这种示范时要引导学生注意关键的动作环节。

第三种是错误示范。错误示范是教师展示学生错误动作的示范。这种示范的重点是使学生认识自己动作的错误之处。教师在进行这种示范时既要突出错误的特征，又不能夸张。

（2）动作示范要正确、美观

正确是指动作示范要严格按动作技术的要求完成，以确保学生建立正确的动作表象；美观是指动作示范要生动，激发学生学、练的兴趣，消除学生的畏难情绪。

（二）演示法

演示法是教师在体育教学中通过展示各种实物、直观教具，让学生通过观察获得感性认识的一种教学方法。这种教学方法在高校体育教学中被广泛采用，它与讲授法、谈话法等教学方法的结合使用可以取得很好的教学效果。

由于体育技能学习有难以现场观察（因为动作较快）、难以自我观察等特点，因此演示法和示范动作法一样，是非常重要的教学方法。实践证明，演示法不仅能为学生学习运动技能提供丰富的感性材料，还能激发学生学习的兴趣，提高学生学习的效果。

（三）纠正错误动作法

纠正错误动作法是体育教师为了纠正学生的错误动作所采用的一种教学方法。在高校体育教学中，学生技能提高的过程伴随着错误动作的不断出现与不断纠正。纠正错误动作不仅是学生掌握运动技能的需要，也是避免运动损伤的需要。

学生错误动作产生的原因一般有以下几点：

第一，学生敷衍了事。

第二，学生对所学动作认识模糊。

第三，学生受旧技能的干扰。

第四，学生的学习能力较差。

教师纠正学生错误动作的注意事项一般有以下几点：

第一，教师在指出学生错误动作的同时，也要充分肯定学生的进步，以利于学生接受，切忌讽刺和挖苦学生。

第二，教师要纠正学生主要的错误动作，有时学生主要的错误动作被纠正了，相关的错误动作也就随之消除了。

第三，教师要合理使用各种方法纠正学生的错误动作。

三、以身体练习为主的高校体育教学方法

以身体练习为主的高校体育教学方法是指那些通过身体练习和技能学习使学生掌握和巩固运动技能、进行身体锻炼的教学方法。以身体练习为主的体育教学方法有分解练习法、完整练习法、领会练习法和循环练习法。因为体育教学是以学生的实践活动为主要内容的，所以以身体练习为主的体育教学方法是实现体育教学目标的主要方法。

（一）分解练习法

分解练习法是指将完整的动作分成几部分，逐段进行教学的方法。它适用于"会"和"不会"之间有质的区别或运动技术难度较高而又可分解的运动项目。分解练习法的优点是降低了动作技术的难度，便于学生掌握，提高学生学习的信心。其缺点是不利于学生对完整动作的领会。

分解的方式有以下几种：

1.按照动作技术的结构顺序

例如，体操的"低杠挂膝上"是由助跑、挂膝和挂膝上三个主要动作组成的。教师可以引导学生按照动作技术的结构顺序先练习助跑以加强动力，再练习挂膝以加强动力连贯性，最后将助跑和挂膝上的动作串联起来，最终学会整个动作。

2.按照动作技术的结构反序

例如，跨栏是由助跑、起跨、过栏摆腿和落地四个主要动作组成的。教师可以引导学生按照动作技术的结构反序先练习落地和摆腿，再练习过栏动作，最后加上栏间助跑，串联练习，最终学会整个动作。

3.按照学习难度递增顺序

例如，蛙泳的学习可分为陆上模仿动作练习、水中局部动作练习和水中完整练习三段。教师可以引导学生按照学习难度先练习陆上模仿动作，掌握"划、弯、伸"和"收、翻、蹬"动作后，再下水做扶池边的腿部练习和有同伴扶助的手臂练习，待较熟练后再做完整练习，直至最终学会蛙泳。

4.按照身体各部分的动作顺序

例如，武术所涉及的身体各部分的动作有下肢动作、上肢动作、上体姿势和头部动作。有些难度较大的武术动作，如果整体学习学生就会有困难，因此教师可以引导学生按照身体各部分的动作分解练习。

分解练习的顺序有分进式、连进式和递进式三种。分进式是指先对动作的各段逐段进行练习后，再全部连接起来完整地进行练习。

连进式是指先对第一段进行练习，再将第一、二段连接起来进行练习，然后将第一、二、三段连接起来进行练习，如此直至完成全部动作的练习。

递进式是指先对第一段进行练习，再对第二段进行练习，然后将第一、二段连接起来进行练习，之后对第三段进行练习，最后将第一、二、三段连接起来进行练习，直至完成全部动作的练习。

分解练习时应注意以下几点：

第一，划分动作时，应注意各分解动作间的联系，对动作的划分应易于连接，不破坏动作的结构。

第二，使学生明确所划分的动作在完整动作中的地位。

第三，分解练习法要与完整练习法结合运用。

分解练习法的主要作用在于减少学生学习的困难，最终达到完整掌握动作的目的。所以，分解动作的练习时间不宜过长，只要学生基本掌握即可进行完整练习。

（二）完整练习法

完整练习法是从动作开始到结束，不进行动作的分解，完整、连续地进行练习的方法。它适用于"会"和"不会"之间没有质的区别、运动技术难度不高而没有必要进行分解或根本不可分解的运动项目。

完整练习法的优点是练习中能保持动作结构的完整性，便于形成动作技术的整体概念和了解动作间的联系。其缺点是用于应该分解而又不宜分解的动作（如体操运动中的翻转动作）时会给学生学习带来困难。为了减少学生学习的困难，教师可采取以下做法：

第一，利用示范和演示帮助学生建立完整的动作表象。

例如，让学生了解动作的方向、路线、节奏、速度等要素，帮助学生形成对动作的完整认识。

第二，抓住教学重点进行突破。

虽然体操运动中的翻转动作不宜分解，但教师可以引导学生对其中的要素，如动力、动作时机和动作要领进行分析，找出动作的主要因素，有重点地进行练习，不要一开始就拘泥于动作的细节。

第三，有意识地降低对动作质量的要求。

例如，体操动作的适当分腿、屈膝，武术动作中降低速度，篮球运动中的近距离投篮、发球等，但降低动作质量要求要以不形成明显的错误动作为限。

（三）领会练习法

领会练习法从强调动作技术转向培养学生的认知能力和兴趣。领会练习法以"项目介绍"和"比赛概述"为运动项目的开始，让学生了解该运动项目的特点和比赛规则，从而使学生一开始就对该运动项目有一个全面的了解。

领会练习法与传统的技能练习法的不同之处在于教师不是从基本的动作

教起，而是先培养学生的战术意识。教师在介绍运动项目以后，结合实战向学生演示一些临场复杂的情况和应付的方法，培养学生全面观察情况、把握和判断时机以及应变的能力，使学生最终可以根据所学的战术，决定"如何去做"。

（四）循环练习法

循环练习法是根据身体锻炼的需要选定若干练习手段，设置若干个相应的练习站（点），学生按规定的顺序、路线逐站练习并循环的方法。循环练习的方式有多种，主要是流水式和分组轮换式两种。

循环练习法的特点有：

（1）有多个练习手段.

（2）练习过程连续。

（3）练习内容多样。

（4）比较容易调整运动量、练习节奏和身体锻炼的部位。

（5）可以根据练习需要进行多样化的设计和安排。

（6）能较全面地发展学生的体能、提高学生的运动能力，还能较好地提高学生学、练的积极性。

第三节 高校体育教学的创新性方法

一、探究教学法

在体育教学过程中，引导学生发现问题、分析问题，最终解决问题，使学生在探索、研究的过程中掌握知识和技能的教学方法就是探究教学法。在高校体育教学中，运用探究教学法应注意以下几点：

第一，目的明确。

教师应预先制订探究计划，以促进体育教学目标的实现。目的不明确、与教学实际不符的探究活动不仅会浪费时间，还会阻碍课程目标的实现。

第二，与学生的知识水平相符。

教师设计的教学内容必须以学生实际的知识水平为前提，教学内容太简单对学生学习兴趣的激发是无益的，教学内容太难会使学生失去学习兴趣与信心。因此，体育教师有必要提前了解学生的知识水平，引导学生进行力所能及的探究。

第三，针对学生通过努力仍然有一定困难的探究性问题，教师应加强对学生的引导、启发与鼓励，但不能代替学生进行探究活动。

二、微课教学法

微课教学是指教师根据学生的学习特点和学习进度，将微课资源与普通课堂相结合，从而实施教学的过程。微课教学的流程包括制作微课程学习视频、设计课堂学习形式、评价微课教学过程。微课教学可以使学生通过反复观看微视频从而形成良好的运动体验，逐渐领会技术动作的要点。微课教学包括以下环节：

（一）课前准备

课前准备主要包括制定体育教学目标，选取体育教学内容，设计体育教学活动以及安排教学场地、器材等。在这一环节要求突显主题，集中说明一个问题，设计相对完整的体育课堂结构。

（二）课中教学

微课虽然是一个课例片段，但要求结构完整。具体来说，课中教学包括以下环节：

第一，导入。微课的时间比较短，要注意快速引入课题，留出更多的时间用来讲授具体内容。

第二，教与学。教与学是微课教学的主体部分，以解决一个技术问题为主线，讲解力求精简，练习方法力求简单、有效。

第三，小结。课堂小结不在长而在精。体育教师要根据课堂的实际情况做出客观、有效的总结。好的微课小结可以起到画龙点睛的作用，加深学生对所学内容的印象。

（三）课后反思

在微课教学结束后，教师要反思整个过程，检查教学目标是否与教学规律相符。

三、自主学习法

在教师的指导下，学生以自身的实际需要和现实条件为依据制定目标、选择内容，进而完成学习目标的方法就是自主学习法。教师应多为学生提供自主学习的机会，这不仅有利于激发学生的学习热情，提高学生学习的主动性，而且能让学生产生满足感与成就感，增强其学习的自信心。自主学习法的实施步骤如下：

第一，学生制定学习目标，学习目标要明确，不能空而大，要在自己的能力范围内。

第二，学生根据学习目标选择学习方法。需要注意的是，学生选择学习方法并不是盲目的，而是在对自己已有的经验和知识进行充分考虑的基础上选择的。

第三，学生在完成一个阶段的学习之后，对照之前制定的目标，看自己是否完成了目标，完成的质量如何，也就是自己对这一阶段的学习状况进行评价。

第四，学生在进行自我评价后，清楚自己在学习中存在哪些不足并为下一阶段的学习制定新的目标。

四、合作学习法

学生在小组或者团队中，为实现共同的学习目标，有明确的责任分工的互助性学习形式就是合作学习。教师在指导学生进行合作学习时，要使学生意识到自己在小组或者团队中的重要性，明确自己的角色定位，这样才能激发其责任感。合作学习法的实施步骤如下：

第一，分组。

第二，小组成员集体讨论并确定本组所要达到的学习目标。

第三，确定学习目标后，小组内再进行具体的分工，这一步需要教师的指导与帮助。

第四，小组成员明确自己的职责与任务，由组长领导，合作完成任务。

第五，结束小组学习活动后，每个小组派代表发言，谈谈自己的感受与心得，各个小组之间进行交流，共同进步。

第五章 高校体育课程教学管理

第一节 高校体育课程教学管理概述

一、高校体育课程教学管理的目的

高校体育课程教学管理的目的主要包括以下几点：

第一，营造良好的体育教学氛围，让学生充分感受体育文化的独特魅力。

第二，传授学生体育相关知识与专业技能。

第三，培养学生良好的竞争意识和团结协作的集体主义精神，激发学生参与体育活动的兴趣。

第四，提高学生的身体素质。

在体育教学工作体系中，体育课程教学管理是一项非常重要的内容，体育课程教学管理工作的质量直接决定了管理目的能否实现、实现的程度如何，因此要采取各种措施和手段提高体育课程教学管理的质量。具体来说，可以从以下几个方面着手

首先，强化体育的多重目标、体现体育的多样化功能。

其次，树立正确的体育教学思想。对学生来说，在教师的引导下树立"健康第一"的思想，有助于他们养成自觉锻炼的习惯，同时，还能对他们的身心

健康发展起到促进作用。

最后,建立科学的体育教学评价体系。通过评价得出的反馈信息能为接下来的教学安排提供必要的事实依据。

二、高校体育课程教学管理的内容

(一)教学目的与任务管理

教学目的与任务管理是高校体育课程教学管理非常重要的内容,高校体育课程教学应围绕教学目的,尽快完成教学任务,实现教学目标。只有先将教学目的与任务确定下来,体育教师才能明确教学方向,有针对性地展开教学。无论是设计课堂教学组织方式,还是选择教学内容与方法,或者是调整课堂教学步骤,体育教师都要严格依据教学目的和任务进行。

此外,体育教师也要让学生明确学习任务,从而让他们选择适合自己且有利于尽快完成学习任务、达到学习目的的学习方法,最终获得预期的教学效果,实现教学目标。

大量的事实表明,体育教学效果与教学目的、教学任务之间有着密切的关系。如果教学目的、教学任务缺乏科学性,也比较模糊,那么体育教师在教学过程中就很难把握重点,教师不知为什么而教,学生不知为什么而学,整个课堂教学就显得盲目、随意,而且氛围比较压抑,最终影响教师教授的热情和学生学习的积极性,导致教学效果不佳。因此,要重点明确体育课堂教学的目的与任务,并以此为依据开展教学活动。需要注意的是,教师设置的教学目的与任务要合乎实际,客观而明确。

(二)教学容量与难度管理

在课堂教学中,教学容量与教学难度如何将直接影响教学效果。因此,体育教师设置的教学容量与难度要适中、合理,符合学生的水平。目前来看,有些体育课虽然教学容量小，但存在一定的难度，超出学生的承受能力，而且安排男生与女生一起上体育课，没有考虑他们的身心发展差异。有些内容对男生来说相对容易，男生经过练习是可以掌握的，但对女生来说确实是有难度的，女生即使经过反复练习也不易掌握，这必然会影响女生学习的积极性，打击她们的自信心。另外，还有一些体育课虽然教学容量大，但缺乏难度，表面看起来课堂氛围很好，学生参与的积极性也很高，但简单、机械的内容不足以提高学生的体育技能水平。由此可见，如果体育教师安排的课堂教学容量与难度不合理，则不利于提高课堂教学效果。

（三）教学时间管理

一堂体育课主要包括三个部分，即准备部分、核心部分和整理部分，这三个部分缺一不可，体育教师一定要结合教学实际合理安排。如果体育教师安排得当就能增强体育课堂教学的时效性，保持体育课堂教学良好的节奏感，有助于学生掌握重点内容。

此外，各项活动与环节所需的时间也要合理安排与分配，以保证按照预期计划完成教学任务。为实现体育课堂的教学目标，体育教师一定要管理好教学时间，不能因为没有分配好时间就随意减少要传授的教学内容，或课后拖延时间匆匆完成任务，这都是不负责任的表现。

加强对体育课堂时间分配与安排的管理体现了有效教学的理念，能够将有限的课堂时间充分利用起来，有利于提高教学效率、实现教学目标。

（四）教学方法与手段管理

在体育教学体系中，教学手段与方法起着极为重要的作用，科学合理的教学手段与方法有助于提高教学效率，取得理想的教学效果。由此可见，教学方法与手段的管理也是体育课程教学管理中的重要内容。

体育课堂教学方法与手段的管理至关重要，体育教师应深刻体会"教学有法、教无定法、重在得法"的含义。体育教师对体育教学方法与手段进行革新，首先要树立先进的教学理念，在先进理念的指导下创新教学方法，以提升体育教学的质量，改变传统体育教学中将少数几种教学方法不分场合、一用到底的局面。体育教师合理选用教学方法与教学手段有助于真正达到省时低耗、优质高效的理想教学状态。

为了强化体育教学方法与手段的管理，探索更多先进的、有效的体育教学方法与手段，学校应组织体育教研组定期开展研讨会，构建科学合理的体育教学方法体系，为取得理想的教学效果提供保障。

（五）教学效果管理

教学效果是评价一堂体育课是否成功的重要依据，因此加强体育教学效果的管理也是非常重要的一项管理内容。体育课的教学效果直观反映在学生的考试成绩中，尤其是技能考核成绩中。

在体育课堂教学中，教师的教学活动与学生的学习活动都是为实现教学目标和提高教学效果而服务的，体育教师必须在教学内容安排、教学方法选用、教学模式构建、教学评价实施中不断改进与优化，从学生的身心特点及实际需求出发，引导学生在课堂上掌握体育知识与技能，只有这样，才能从根本上提升体育课堂教学效果、实现体育课堂教学目标。

三、高校体育课程教学管理的类型

（一）专断型管理

采取专断型管理方式的体育教师会对学生提出非常严格的要求，学生必须按照教师的要求进行学习。教师往往以命令的方式要求学生完成一些任务，学生不得不服从命令。学生若不听从命令就是无视教师的权威，对于这类学生，教师往往会采取一些方式进行惩罚。

在体育课堂教学中，采用专断型管理方式的教师将个人意愿和个人权威放在首位，而对学生的个性化需求并不在意。课堂教学氛围紧张、压抑、沉闷，学生不敢发表自己的意见，虽然对教师言听计从，但并不是真正愿意在这样的氛围中学习。长此以往，必然会压抑学生的个性，制约学生主体性的发挥，影响学生的身心健康发展。所以，专断型课堂教学管理方式有待改革。

（二）放任型管理

放任型管理具有较大的负面作用，采用这一管理方式的体育教师往往缺乏责任心，在体育课堂教学中一般只负责传授知识与技能，根据教案按部就班地教学，以完成教学任务为目的，至于学生是否认真听讲、是否掌握了课堂知识，以及课堂教学效果是否良好等问题，教师对此并不关心，甚至可以用"放任自流"来概括教师对学生的态度。

在体育课堂教学中，教师采取必要的管理方法与策略有助于活跃课堂氛围，使学生在良好的课堂环境下学习知识与技能，使学生学习的积极性得到增强，最终取得良好的学习效果。采取放任型管理方式的体育教师往往忽略了课堂管理的重要性及自身在课堂管理方面应负的责任。教师对学生放任不管，似乎对学生的个性发展有益，实则对学生的学习与成长无益。教师不负责任的态度常常会导致体育课堂教学无法满足学生的实际需求，无法调动学生的学习热情，即使学习自觉性强的学生如果长时间不管理也会变得懒散，而本身自觉性就差的学生更是会无视课堂纪律，做出一些不尊重体育教师、破坏课堂纪律、影响其他学生的不良行为。

总之，放任型课堂管理方式不利于体育课堂教学活动的顺利进行，在很大程度上会影响体育课堂教学效果，不利于学生的健康成长。因此，体育教师尽量不要采取这一管理方式。

（三）民主型管理

民主型管理方式能在一定程度上体现"以人为本"的基本原则。采用这一管理方式的体育教师往往具有较强的民主意识，以学生的实际需要为中心，围绕学生的整体特征及个性化需求展开教学。在教学过程中，教师会采取一些有效的措施激发学生的学习积极性、强化学生的学习动机，努力结合学生的兴趣、爱好组织教学活动，以满足学生的需求。

民主型管理方式较为灵活，在体育课堂教学中，教师在从一个活动转移到另一个活动的过程中，能够通过灵活的管理方式使学生始终保持学习兴趣，并使课堂秩序始终有序。尽管课堂教学需求不断提高，教学影响因素不断变化，体育教师仍能及时完成课堂环境的重建，从而满足新的需求、适应新的变化，这是民主型管理方式与前两种管理方式相比较显著的优势。体育教师采取民主型管理方式，说明他们尊重学生，希望通过民主管理营造和谐、融洽的课堂氛围，激发学生的学习兴趣，促进课堂教学效率的提高。民主型管理方式符合现代教育理念及教学要求，值得大力推广。

（四）理智型管理

理智型管理也是体育教学管理的一个重要类型，这一类型的特点是体育教师有清晰的教学思路、明确的教学目标，依据教学目标有序安排每个教学环节、精心处理每个教学细节，以求最终顺利实现课堂教学目标。此外，体育教师也能够以课堂教学目标和所教的内容为依据，合理选用教学方法，给学生留出自主学习与思考的时间，让学生自主选择适合自己的学习方式。在学生自主学习期间，教师适时、适当地指导可以提高学生自主学习效率、增强学生的学习成就感。

体育教学和一般的文化课教学不同，课堂教学中会受到很多内外因素的干扰，面对多重影响因素，采用理智型管理方式的教师往往能够灵活管理学生。学生在课堂上表现出来的学习态度、学习行为等对教师来说都是有价值的反馈，教师可以依据这些反馈进行灵活管理，从而端正学生的学习态度，使学生的学习行为趋于积极主动、合理有效。

在体育课堂上善于进行理智型管理的教师往往具有教学技巧高超、管理技巧娴熟的优势，正因如此，他们才能科学合理地安排课堂教学活动。需要注意的是，理智型课堂管理方式有其自身的缺陷，主要表现为课堂氛围比较严肃、沉闷，缺乏活力，容易影响学生学习的热情和效果。

（五）情感型管理

情感型管理主要是指体育教师从学生的情感需要出发管理课堂教学活动，课堂管理的整个过程都透露着教师对学生的爱。体育教师以得体而亲切的语言进行课堂教学，鼓励学生充分发挥自己的优势，对于进步明显的学生不吝夸奖。教师对学生的情感需要给予重视，根据学生的情绪调动课堂气氛，使学生在体育课堂上能够获得愉快的心理体验。

体育课堂上难免会有破坏课堂纪律的学生，提倡情感型管理的体育教师不会一味地指责这些学生，而是会以恰当的方式引导他们规范自己的课堂行为，这样既维护了学生的尊严，又能使学生感受到教师的善意，这对建立和谐的师生关系、巩固师生感情，以及净化课堂风气都具有重要意义。

情感型管理方式与以人为本的基本原则有着密切关系，与现代教育理念相吻合，因此这一管理方式值得提倡。

（六）兴趣型管理

学生是体育教学活动的重要主体，体育教师要以学生为本组织与管理教学活动。要想实现良好的管理效果，就要采取各种手段与措施培养和增强学生学习体育的兴趣。因此，在体育课堂教学中，采用兴趣型管理方式的体育教师往往教学艺术高超、教学风格突出，能够以独具艺术性的教学技巧将学生的学习兴趣激发出来，使学生在学习中陶冶情操、提升修养。

在课堂教学中，采用兴趣型管理方式的体育教师能够以有趣的方式给学生呈现所要教授的内容，使学生在富有美感的课堂教学中集中注意力听讲、看示范、保持学习热情，在教师的引领下掌握新知识。这样的课堂氛围显得非常轻松、活泼，能够获得理想的管理效果，有利于实现既定的教学目标。

四、高校体育课程教学管理的实施

（一）高校体育课程教学管理实施的前提

一名合格的体育教师必须具备良好的素质，具体包括教学业务素质和思想道德素质，这是高校体育课程教学管理实施的重要前提。

1.教学业务素质

体育教师的教学业务素质主要包括体育基础理论知识、一般文化理论知识、运动技能等方面的知识。一般来说，能够依据体育教学规律和教学原则合理安排教学内容、正确选用教学方法、科学构建教学模式、全面实施教学评价，使学生利用有限的课堂时间充分掌握体育知识与技能的体育教师就是业务能力强、业务水平高的专业教师。

业务素养高的体育教师容易树立威望，对学生有威慑力，能管好课堂纪律、调动课堂气氛，能以生动形象的讲解和准确无误的示范调动学生学习的积极性，使学生保持积极向上的学习态度，最终也能取得好的教学效果。由此可见，体育教师业务素养的提高非常重要。作为一名体育教师，要时刻想着如何提高自己的教学业务水平，这样才能组织与管理好体育教学活动，实现教学目标。

2.思想道德素质

体育教师的思想道德素质虽然不是外显的，也不是快速形成的，但这种内隐的影响却是非常持久而深刻的。只有品质高尚、工作态度认真、胸怀坦荡的教师才会对学生产生积极的影响。

学生这个群体具有一定的敏感性，在体育课堂上，体育教师的言行举止，甚至是表情细微的变化都会引起学生的注意，而学生接受教师的反馈信息后也会不自觉地改变自己的行为。所以，体育教师必须严于律己、以身作则，给学生树立良好的榜样。

总之，为了取得良好的体育教学管理效果，体育教师必须先规范好自己的言行，再要求学生遵守课堂纪律，否则难以使学生真正接受管理。只有教师以身作则、严于律己，才能给学生树立榜样，从而保证教学活动的顺利开展。

（二）高校体育课程教学管理实施的关键

大量的实践表明，高校体育课程教学管理实施的关键在于营造和谐的课堂教学氛围。只有在和谐的课堂教学氛围下，教师和学生才能良性互动，取得良好的教学效果。

体育教学活动是指师生的双向活动，缺少了任何一方，都不能称之为完整的体育教学活动。体育课堂教学管理同样需要体育教师和学生共同参与，需要二者互动交流。为了维护良好的课堂秩序，保证课堂管理制度的真正落实，必须建立融洽、和谐的师生关系，维护与巩固师生感情，从而使体育教师热情地教、学生主动地学。

教学管理效果的好坏与课堂教学氛围是否融洽有着直接关系。教师的教与学生的学固然对体育课堂教学质量与管理效果有决定性影响，但并不是唯一的决定性因素，师生互动的课堂环境也是不可忽视的决定性因素之一。课堂氛围不同，学生的学习效率、教师的教学效果及课堂管理质量都或多或少存在一些差异，只有构建和谐的课堂环境、营造融洽的课堂氛围，才能增强教师与学生之间的联系，实现合作与发展。由此可见，构建和谐的体育课堂教学氛围是实施体育教学管理的关键。

第二节 高校体育课程教学管理机制

一、高校体育课程教学管理机制的内涵

最初,"机制"一词主要指的是"机器的构造和工作原理"。随着时代的发展,"机制"一词逐渐应用至生物学、医学、管理学等领域。在管理学领域,"机制"与"管理"结合形成了一个新的名词——管理机制。

为促进体育教学管理效益的提高,必须建立科学有效的管理机制,在这一管理机制下开展系统内的各项活动。要想建立科学有效的管理机制,首先就要结合体育教学实际,建立相应的组织机构并制定相关的组织制度。组织机构的建立要遵循一定的原则,那就是把系统内部的相关人员按照实际情况分配到组织系统的所有部门。组织机构的相关制度指导不同岗位人员的行为,各个岗位的工作人员要在既定的行为规范下活动。

综上所述,高校体育课程教学管理机制就是为了保证体育教学活动正常开展而设置的,各组织或机构为了同一个目标而形成一个体系,在这一机制的指导下,体育教学活动中的各个主体行为都能得到一定的规范,这样,体育课程教学活动就能顺利进行,培养体育人才的目标也能实现。

二、高校体育课程教学管理机制的建立

高校体育课程教学管理机制的建立要以充分调动教学主体的积极性为前

提，合理地设置体育教学组织机构，只有如此，才能保证体育教学活动的顺利开展。具体而言，高校体育课程教学管理机制的建立主要涉及以下几个方面：

（一）激励机制的建立

1.激励的依据

大量的实践表明，激励机制的建立对教学质量的提高具有重要作用。激励是一种能够激发教学主体参与活动积极性的方式，通过利用这一方式能够收到良好的体育教学效果。

一般情况下，体育教学管理激励机制的建立需要考虑三个方面，即教师、学生和管理者。在建立激励机制前，教学管理人员要事先做好调查，充分了解教学主体的特点及个性，然后采取有针对性的措施与手段充分调动教师、学生和管理者的积极性，激发他们的热情，这样才能促进教学质量的提高。

教师、学生与管理者是体育教学管理激励机制中的重要构成要素。其中，教师是激励的主体，是激励活动的组织者与发起者，学生是被激励的对象，即激励客体。但从整体上来看，教师、学生、管理者三者都充当着激励主体和激励客体，三者之间的联系非常密切。

2.激励的方式

一般来说，激励的方式主要有物质激励与精神激励两种，这两种激励方式在体育教学活动中都得到了充分利用。

（1）物质激励

物质激励是体育教学中最为常见的一种激励方式，奖金、奖品、职称晋升以及工资提高等都属于物质激励。对体育教师而言，他们最为关注的物质激励一般是职称晋升，因为这会直接影响他们的收入以及未来的发展。基于此，学校相关部门就要充分运用职称评定这一激励方式激励体育教师成长。很长一段时间以来，教师的职称晋升主要以发表论文、著作的实际数量为依据，这一评价标准具有一定的片面性。那些具有丰富教学经验、教学水平高的教师可能会因为发表论文、著作的数量不够而不能获得职称晋升，从而极大地打击了他们的教学积极性，而一些教学经验不足、教学水平不高的教师却能通过这一途径获得晋升的机会。因此，这种评价方式较为片面。

（2）精神激励

一般来说，精神激励主要是借助授予体育教师某种荣誉称号来提高其工作的积极性。在体育教学评价活动中，对体育教师的积极评价能让他们感受到自己存在的意义和价值，能帮助他们提升教学的自信心。精神激励这一方式较为简单，不需要什么成本，但如果能运用得当，往往会获得更好的效果。由此可见，这一激励方式也是值得提倡的。

3.激励的注意事项

物质激励与精神激励这两种激励方式都不是万能的，都有一定的优缺点。因此，在具体的操作过程中，可以将这两种激励方式结合起来使用，这样有利于获得理想的激励效果。但无论采取哪一种激励方式，都需要注意以下几点：

（1）激励方式要公平、透明

无论采取哪一种激励方式，都应遵循公平、透明的基本原则，否则就失去了激励的意义，反而会适得其反，导致个体或群体对组织机构不信任，严重打击教师的积极性。因此，高校要制定公平、合理的激励制度，并将这一激励制度予以公布，接受全体人员的监督，规范教学主体的各种行为，激发大家相互竞争的意识，从而促进教学质量的提高。

（2）不同激励方式的结合使用

奖金属于物质激励的一种重要方式，这一激励方式得到了广泛应用，但这一激励方式并不是万能的。人与动物的区别在于人不仅要满足自身物质层面的需要，还要满足精神层面的需要。因此，只有物质方面的激励是远远不够的，还需要建立一套以人为本的激励机制，运用精神激励的方式提升教师教学的自信心。在具体的实践中，需要将物质激励与精神激励结合起来使用。一般来说，以精神激励为主、物质激励为辅，两种激励方式综合使用，往往能获得理想的激励效果。

（3）激励与日常考核的结合使用

良好的激励机制对教学主体的教学活动能起到积极的促进作用，但需要注意的是，单纯依靠激励机制是比较单一的管理手段，还需要结合日常考核指标。只有如此，才能促使激励机制激发的内在动力和考核指标产生的外在约束发展成合力，从而充分激发教学主体的内在潜能，促进教学质量的提升。

4.激励机制的作用

激励机制的作用主要体现在以下几个方面：

第一，能促使教学主体积极主动地参加各种社会实践活动，提升自身的综合素质。

第二，能帮助学生正确地认识自己，树立学习的自信心，为了实现学习目标而不断努力。

第三，能有效提升体育教学工作人员的管理水平，促进其综合素质的提升。

（二）保障机制的建立

1.建立保障机制的必要性

随着社会的发展，科学技术水平越来越高，出现了大量的高科技体育器材，这些高科技体育器材不仅被广泛应用于运动员的运动训练和比赛中，也被引进到高校体育教学中，对体育教学质量的提高具有重要作用。另外，这些高科技体育器材还能为教学主体参与教学活动提供一定的安全保障。

据调查，目前我国部分学校存在经费短缺的问题，在这样的情况下，学校就无法购买高科技体育器材，这在一定程度上影响了学校体育的发展。另外，我国部分学校还存在资金分配不均的问题。受学校升学及就业压力的影响，大部分的教学资金都运用到文化课教学方面，体育教学获得的资金投入非常少，这就难以满足学生的体育学习需求。

综上所述，建立科学合理的保障机制对学校体育教育的发展而言具有重要意义，应该引起高度重视。

2.保障机制的具体内容

建立体育教学管理的保障机制是十分必要的。通常来说，主要包括以下两个方面的内容：

一方面，政府部门要结合实际建立完善的法律保障体系，借助法律手段解决教育投入保障的问题。

另一方面，在全面分析学校具体实际的基础上，采取院系两级或一级管理的财务预算管理方式，满足一线教学的需要。

就体育教学训练而言，一定要保障学生的训练经费和实习经费，只有如此，体育教学活动才能顺利进行。

（三）风险处理机制的建立

1.建立风险处理机制的意义

体育是一门以身体运动为主的学科，绝大部分的教学内容以身体运动为主，与一般的文化课有着明显区别。既然涉及身体方面的运动，就必然存在一定的风险，因此加强学生运动中的安全管理是尤为必要的。为杜绝风险，保证学生的人身安全，就需要建立风险处理机制。

大量的实践表明，事先建立风险处理机制具有重要意义。在这一机制下，体育教学活动能够在安全的基础上进行，学生的人身安全能够得到充分的保障。学校相关部门要对各类体育教学活动的风险性做出合理判断，尽可能降低体育运动的风险。万一发生风险，也能及时采取有针对性的手段将风险的负面影响降至最低。这不仅对体育教学活动的顺利进行具有重要意义，而且对保证学生的人身安全具有重要意义。

2.风险主体的构成

一般来说，体育教学活动中风险主体主要包括两个部分：一部分是客观事物构成的安全风险；另一部分是人为因素构成的安全风险。不同的安全风险有不同的处理办法。

客观事物构成的安全风险主要是指在体育教学活动中，因周边环境问题而导致的各种安全风险。这种风险是可以得到很好控制的。体育教师可以带领学生在上课前检查教学场地是否存在障碍物等，通过检查工作及时排除风险。人为因素构成的安全风险主要有准备活动不足、身体状况欠佳、技术动作不规范等。例如，上体操课时，学生的倒立动作不规范，没有掌握正确的技术要领而致使颈部着地，导致颈部受伤。这一风险也可以在一定程度上避免，前提是学生要在体育教师的指导下安全地参加体育活动。

第三节 高校体育教学管理的实施

高校体育教学工作是一个复杂的动态过程。如何根据教学计划把各种类型的体育课程和体育教师以及具有差异性的学生个体合理地组成一个高效率的教学过程，是教学管理的根本任务。因此，体育教学管理是对于已经确定的教学计划在执行过程中的一种管理，通过对各项教学活动因素进行合理的组织、指挥和调度，建立一种良好的教学秩序。体育教学管理是高等学校常规工作管理的重要组成部分，它的内容主要包括制订开课计划、编排课程表、日常教学管理、教学档案管理和教学规章制度的制定等几个方面。

一、制订开课计划

制订每个学期的开课计划是体育教学例行管理的起始环节，它是把一个学期的教学计划中所规定的各项教学任务落实到人的一种教学管理活动，一般按下列管理工作程序进行。

第一，按各项目体育课程的开课计划，要把教学计划变成切实可行的具体实施方案，就必须按照教学计划的总体要求制订出学期的开课计划。在确定开课计划时，可根据师资、场地、设备条件等因素对某些项目课程的开设顺序和教学环节做适当调整，注意必修课、选修课的合理搭配，对体育必修课和选修课做出妥善安排。

开课计划的主要内容包括课程门数、学时安排、各门课程教学环节（如课堂讲授、裁判实习、教学比赛、考试考查等）的具体学时分配。

第二，下达教学任务通知书。根据各项目的开课计划，按承担教学任务所属的教研室归类，填写教学任务通知书，然后把教学任务通知书下达到有关教研室。

第三，教研室落实教学任务。各教研室把下达的教学任务通知书进行汇集和归类后，从本教研室的师资水平和力量的实际情况出发，对教研室工作统筹兼顾，全面安排，把下达的教学任务落实到有关教师，并在教学任务通知书上填写承担教学任务的教师姓名，然后把落实到人的教学任务通知书上报学校教学主管部门。

二、编排课程表

编排课程表是教学例行管理的中心环节。这是一项业务性、科学性很强的教学组织工作。因为它既要服从教学规律，适应学生心理和生理特点的要求，又要考虑各门课程性质的差异和学校现有的教学场馆设施条件，并且还要顾及教研室、教师某些需要满足的合理要求和需要帮助解决的困难。所以，编排课程表的目的是合理组织教学过程的时间、空间、人力和物力，充分发挥它们的效益，以保证教学过程的正常运转，稳定教学秩序，提高教学质量。

编排课程表应符合以下基本原则：

第一，要有利于提高学生的学习效率。在学生精力充沛的时间，尽量安排较为重要的必修实践课和理论课，下午和晚上可安排选修课、保健课。

第二，要有利于体育场馆和设施的充分利用。如何提高体育场馆设施的使用率，达到减少闲置时间的目的，使教学课堂有序衔接，这些都是编排课程表必须注意的问题。

第三，要有利于体育教学和科学研究工作的全面安排，有利于教师的时间分配。避免教师在某一段时间内负担过重、过于疲劳，影响工作效率及身体健康。

三、日常教学管理

日常教学管理是具体实施教学计划的一种管理。一方面，通过日常教学管理把教学计划变成实际的教学活动；另一方面，教学计划得以贯彻实施，还必须落实到每一学期的日常教学工作的组织和管理之中。因此，对日常教学工作的周密组织和严格管理是建立协调的教学秩序的有力保证。

根据体育教育划分学年和学期的特点，各学期的工作虽有个别差异，但其工作一般都有共同规律和程序。每个学期基本上可分为开学前后、期中、期末三个阶段。各阶段除常规工作外，尚有各自的特点，因此对每一阶段的主要日常教学工作都要周密组织，加强管理，认真落实。

（一）开学前后的主要工作

为使整个学期教学工作有条不紊地进行，每学期的开局很重要，必须把开学前后的工作抓好。开学前后的主要工作如下。

1.抓好教学工作计划的制订

开学前后要组织动员体育教学管理人员、教研室主任、场馆管理和体育教师等各个方面的人员，根据党的教育方针和学校有关教学要求，回顾总结上学期的教学工作情况，坚持理论联系实践的原则，密切关注当前体育教学改革的动向，制订出新学期的教学工作计划。

2.检查教学准备的情况

教学准备是保证教学工作正常运转的前提，是教学过程组织和管理的一个重要方面。它应侧重抓好备课、教材准备、教学设施的维修和配置等工作。

备课应按照学校有关教学管理工作条例的具体要求进行，要检查教研室备课的组织工作，特别是对青年教师的备课指导和试讲工作的检查。

教材准备主要是根据任课教师所选定或编写的教材（讲义）和教学参考书，由教材主管部门做好教材的印刷工作，以及教材的订购等工作。

教学设施的维修和配置主要是保证教室、体育场馆和运动器具等教学条件以及实验室仪器设备处于完好状态，根据开课计划的要求，做好各种体育器材的供应以及其他需要增添的教学设施的配备工作。

（二）期中教学的主要工作

期中教学工作的重点是教学质量检查。这是我国高校长期以来形成的一种行之有效的制度，一般叫作期中教学检查。因为教学质量的高低涉及体育教学的各个层面和所有人员，每个人员工作好坏都直接或间接与教学质量有关，所以，进行期中教学检查要坚持全面质量管理的观点，通过同行评教、学生评教的形式进行，体育教学部门领导必须亲自动手，并发动各个教研室和教师，围绕教学这个中心对体育教学工作进行大检查。

期中教学检查不但要发现问题和解决问题，而且要注意总结推广好的经验和典型，以利于提高教学质量。

（三）期末教学的主要工作

抓好期末的复习和考试，组织教师分析教学质量、做好教学工作经验总结、妥善安排好下学期教师的教学任务，是学期结束前必须认真做好的三项重要工作。

1.组织安排期末复习和考试

期末复习考试是整个教学过程的一个重要阶段。这个阶段包括考试的准备和考试的实施，一方面要组织学生复习专项技术和体育理论迎接考试，另一方面要组织教师指导学生技术动作复习，拟定理论课考试考题。在这一阶段，体育教学管理部门主要做好复习和考试的各项组织工作及后勤工作。

2.组织教师分析教学质量，做好总结

教学质量分析应以基本技术的掌握和学生体育习惯的养成为重点。教学质量分析和教学工作总结，必须根据教学过程的特点和规律进行，也就是说，要遵循学生的认识活动规律，遵循教与学的师生双向活动的规律，遵循教学的基本原则等。

把教学质量分析和教学工作总结的观点统一起来，既不是材料的罗列，也不是概念的堆砌。通过教学质量分析和教学工作总结，要求达到吸取教训、推广经验、改进教学和提高教学质量的目的。期末教学工作还包括成绩上传，教学文件、材料等归档，公布下学期教师的教学任务和课程表等。

四、教学档案管理

教学档案管理是体育教学管理的一个重要方面，做好这项工作，便于体育教学管理者了解体育教学工作的全貌和各位教师的教学质量，以及教师教学和学生学习情况的各种数据。这些情况是总结经验、进行教育科学研究、探索教学管理规律的基本材料。因此，搞好教学档案管理对积累经验、改进教学、提高教学质量和管理水平、探索高等学校体育教学管理规律都具有重要意义。

凡是记载和反映体育教学实践、教学研究以及管理活动，具有保存价值，并按照一定的立卷、归档制度集中保管起来的教学文件材料（包括文字材料、图纸、照片、影片、录像带、录音带等），都可称为教学档案。教学档案的管理包括收集、整理、保管、鉴定、利用和统计六项具体工作。

1. 收集

收集就是根据集中统一管理档案的原则，按照一定的归档制度，接收体育教学实践、教学研究和管理活动中形成的，具有保存价值的教学文件材料。教学档案收集是教学档案管理的前提和基础。没有收集工作，就谈不上整理、保管、鉴定、利用和统计工作。

2. 整理

整理就是按照一定的原则和方法，对教学档案进行系统的整理。具体内容是对已归档的教学档案进行科学分类和排列、编号、编目及必要的加工。

3. 保管

保管就是妥善地保存和管理教学档案，维护它的完整与安全，延长它的寿命，并尽力缩小它的体积，以便于当前和长远的利用。做好教学档案保管工作，是落实集中统一管理档案原则的一项重要措施，它可以进一步巩固整理工作的成果，确保档案的完整和安全。

4. 鉴定

鉴定的主要目的是准确地确定档案的保存价值，保护有价值的教学档案，为教学工作、教学研究和管理工作服务。按照国家规定的原则、标准和要求，对教学档案的科学价值、历史价值和现实使用价值进行鉴定，确定它的保管期限，并根据保管期限，定期剔除失去保存价值的教学档案，突出重点，提高教学档案的质量。

5. 利用

收集、整理、保管、鉴定等项工作的目的都是提供使用。为此，对教学档案的充分利用是教学档案管理工作的目的和归宿。

6. 统计

统计就是通过数字来揭示和反映教学档案的数量和质量，以及教学档案收集、整理、保管、鉴定和利用工作的基本情况。教学档案的统计，对管理者总结管理工作经验、制定管理工作方针、提高管理工作水平都有着十分重要的意义。

五、教学规章制度的制定

建立健全教学规章制度，并加强相应的管理，是体育教学管理的一项重要内容。教学规章制度应当反映教学的客观规律，具有教育和管理的功能。

体育教学规章制度是高校为了贯彻执行体育教育计划，稳定体育教学秩序，把教学活动引向正轨，而要求教师、学生和管理人员必须共同遵守的准则。因此，体育教学规章制度具有一定的约束力和强制性。

制定体育教学规章制度是一项深入细致的教务管理工作，在制定之前，要深入调查研究，了解教学过程的特点和规律，从实际出发，建立反映客观规律的、切实可行的教学规章制度。为此，在制定时必须遵循如下基本要求：

第一，制定各项具体规章制度时，应首先明确目的要求，反复探讨，深入研究，逐条推敲。只有这样，规章制度在贯彻执行中才能很好地发挥教育和管理作用。

第二，制定教学规章制度的内容和具体条文既要符合国家的教育方针、政策，又要从学校的实际情况出发，符合学生年龄特点和身心发展的规律；既要体现学校的集体意志和要求，培养好的学风，又要使师生的各项活动得到妥善安排。

第三，制定各项教学规章制度时，要做到既严格要求，又切实可行。为此，必须从实际出发，不能一刀切。在执行上级教育行政部门的章程、条例时，要结合体育教学实际情况，制定实施细则。

第四，制定的各项教学规章制度不仅要切实可行，还要贯彻始终、持之以恒、养成习惯、形成传统，成为相关教育工作者的自觉行为。为此，要求制定的各项规章制度应保持相对稳定，切忌半途而废，更不能朝令夕改，造成管理上的紊乱。

第五，要求教师、学生和管理人员遵守教学规章制度。制定规章制度时要发动教师、学生和管理人员进行充分的讨论，使制定出来的规章制度更符合实际情况、切实可行。同时，讨论的过程也是相关人员接受教育的过程，从而有利于提高他们贯彻执行规章制度的自觉性。

高校体育教学规章制度的范围和内容较广，名目繁多，按其性质和作用，大致可分为两大类。

一是由国家和上级教育主管部门统一规定的制度。新中国成立以来，国家和上级教育主管部门曾先后颁布了很多关于体育教育管理的规定、条例、办法和指示等。例如《中华人民共和国高等教育法》《学校体育工作条例》《国家学生体质健康标准》《关于加强青少年体育增强青少年体质的意见》《高等学校体育工作基本标准》《全国普通高等学校体育课程教学指导纲要》《关于进一步加强学校体育工作若干意见的通知》等，文件精神都是制定体育教学文件的依据。

二是高校制定的本校内部各种体育教学规章制度。由学校制定的一系列保证完成教学任务的制度和规定，既要符合国家、教育部发布的文件精神，又要从本校的实际情况出发，起到加强对教师、学生的管理，培养良好的学风，实现培养目标，使学生更好地完成学习任务的作用。

例如，课堂规则、考勤制度、请假制度、考场规则、成绩考核制度、学籍管理办法、选课制度和办法等。这些规章的制定，既要符合上级关于学籍管理等的文件精神，又要因校制宜，汇编成册。

第四节 高校体育课程教学管理体系改革

一、高校体育课程教学管理体系改革的新要求

（一）高校体育课程设置的科学性

高校体育课程设置是高校体育课程结构改革的重要体现形式。从发展的角度讲，在高校体育课程教学管理体系改革过程中，高校体育课程设置应具备高度的科学性，从而体现高校体育发展的前瞻性。这既是随着时代发展脚步的不断加快对高校体育课程教学管理体系改革提出的新要求，也是高校体育课程发展过程中的巨大挑战。

高校体育课程设置的科学性主要体现为课程结构的合理安排，从而使得高校体育活动的开展能够达到既定的教学目标，为学生形成良好的体育心态奠定坚实的基础。高校体育课程设置既是高校体育课程结构改革的重要组成因素，也是高校体育课程结构改革思想的进一步体现。高校应以学生整体发展为根本出发点，有针对性地设置体育课程，使学生参与体育教学活动的积极性不断提高。

（二）高校体育课程管理机制构建的合理性

管理机制的形成是课程体系改革与构建的保障性因素，因此应将其放在首要位置。高校体育课程管理机制主要包括课程监督、课程评价、课程实施三个方面。这是新时期我国高校体育课程管理机制构建"合理性"的充分体现，同

时，对高校体育课程管理体系的构建具有一定的指导、监督作用。

课程监督是高校体育课程结构科学构建的关键，通过监督过程对课程设置有效评估，将学生参与的状况充分体现出来。

课程评价是课程管理机制有效改革的重要参考对象，也是促进高校体育课程管理体系发展的根本条件。通过准确的课程评价使课程设置存在的具体问题能够体现出来，也是将其不断完善的主要动力。

课程实施则是高校体育课程管理机制构建的具体过程，也是对课程资源有效利用的关键所在，充分反映出高校体育课程管理体系存在的优势与不足，对其进一步的完善具有积极的推动作用。

（三）从高校实际出发，科学设置课程比例

高校体育课程管理体系的构建需要结合不同的实际情况展开相应的探索，从发展的角度出发对课程体系的构建不断完善并加以创新。其中，科学设置课程比例就成为至关重要的因素，对高校体育教学改革具有深远的影响。

高校体育课程主要分为三个大类，包括国家课程、地方课程和校本课程。其中，国家课程是高校体育的必修课程，在教学体系构建过程中占的比重较大；地方课程是高校体育选修课程的根本；校本课程是结合高校体育特点进行的相关体育课程的融合。这三类体育课程构成了高校体育课程体系的主体部分。

国家课程是高校体育课程管理体系构建的重点，地方课程与校本课程的有效安排则是高校体育课程管理体系构建的关键部分。结合地域特色以及高校体育发展优势科学地设置不同类型课程的比例，从而达到新时期高校体育课程改革的目标，不仅能对高校学生的基本能力以及身体素质进行充分的培养，也能使学生自身的体育意识逐渐发生转变。

二、高校体育课程教学管理体系改革的新方向

（一）重视高校体育理论教学，加强对学生理论知识的传输

理论教学既是高校体育课程开展的基础，也是进行具体实施的关键部分。高校体育课程管理体系改革的根本在于对高校传统体育开展形式进行创新，将理论教学与实践过程完美结合，从而拓展高校学生体育知识领域，进而实现对体育认识程度的提高。

理论知识的传输过程是高校体育整体发展的必要环节。对高校学生而言，理论知识的传输过程是了解体育运动的初步过程，对其内心思想的转变具有积极的促进作用。这与传统体育课程开展的方式具有一定的差异性。传统体育活动的开展是在实践中灌输理论知识，而新时期高校体育教学活动的开展与其相反，将理论知识的传输过程作为激发学生学习兴趣的主要环节，使高校学生能够将理论知识联系到课程实际中，为学生体育意识的形成奠定坚实的理论基础。

（二）将拓展课程与休闲体育课程融入高校体育课程

高校体育课程管理体系改革应与时代发展的步伐相一致，将时代创新课程与课程体系相融合，不断拓宽高校体育发展方向。

拓展课程与休闲体育课程既是社会发展过程中新兴的产物，也是对传统体育课程发展理念的一种颠覆，使得高校大众体育逐渐向休闲娱乐体育的方向延伸。拓展课程主要包括户外拓展训练、野外拓展活动等，而休闲体育课程所涉及的领域主要包括健身运动、时尚娱乐运动等。拓展课程与休闲体育课程的目的都是转变高校学生对传统体育的认识，将促进高校学生的身心发展作为高校体育课程的主要目标。

（三）结合高校体育特色开发校本课程

校本课程的根本在于对高校自身发展特色的总结，从而将其形成一种固定的课程模式有效地开展。高校体育课程管理体系改革的发展方向趋于校本课程的有效开发与完善，高校应结合自身的体育特色进行相关课程研究，充分挖掘长久性课程资源并加以利用和总结，进而形成具有高校发展特色的体育校本课程。

因此，在体育教学资源方面的有效整合以及研究过程就成为高校体育课程发展的重中之重，高校应不断加强师资建设，而为高校体育校本课程的形成与发展奠定坚实的基础。

新时期高校体育课程管理体系改革的重点在于创新，重视校本课程的开发是课程体系构建创新性的体现，也是对高校体育特色传承与发扬的具体实施过程。

第六章 高校体育科学研究管理

第一节 高校体育科学研究概述

一、高校体育科学研究的内涵

科学研究是一个由多层次、多要素构成的大系统，在这个大系统中，要素与要素之间相互联系、相互作用。高校体育科学研究就是这个大系统中的一个要素。

就整个科学研究系统来看，可以将其粗略地分为自然科学研究和社会科学研究两个子系统。从一般意义上来说，一切以人类社会生活为对象的科学研究都属于社会科学研究，如政治研究、历史研究、语言研究等。一切以自然界的各种物质现象为对象的科学研究都属于自然科学研究，如物理研究、生物研究、化学研究等。

自然科学和社会科学相互渗透、相互交叉，产生了许多新学科，它们之间相互交织又组成了许多新的学科群，这些学科群很难再用自然科学研究和社会科学研究两个子系统来概括和说明。教育科学和体育科学就是这样的两个学科群。

教育科学研究横跨自然科学研究和社会科学研究两大领域，具有"两栖性"；体育科学研究兼容自然科学研究和社会科学研究，具有"综合性"。体育是教育的重要内容，因此高校体育科学研究是教育科学研究的重要方面。同时，高校体育科学研究是体育科学研究的重要组成部分。可见，高校体育科学研究是教育科学研究和体育科学研究的"结合部"和"交叉地带"。

把高校体育科学研究放在人类科学研究的大系统中进行全方位、多视角的考察，才能使我们既能够从宏观上把握高校体育科学研究的发展态势，又能够从微观上认识高校体育科学研究的特点。

二、高校体育科学研究的分类

高校体育科学研究虽然是人类科学研究大系统中的一个要素，但其自身也是一个复杂的整体。结合高校体育科学研究实践，可以从多个角度认识高校体育科学研究的类型：

（一）按研究的性质划分

就其研究的性质，可以把高校体育科学研究分为基础研究、应用研究和开发研究。

高校体育的基础研究并不解决高校体育实践中的具体问题，而是通过对高校体育普遍规律的探讨，发现和阐述新的理论。

高校体育的应用研究是运用高校体育基础研究的成果，解决高校体育实践过程中遇到的实际问题，这是高校体育科学研究的重点。现阶段，针对高校体育发展中的实际问题广泛开展应用研究，是深化高校体育改革的重要措施。

高校体育的开发研究，一般是指那些把应用研究的成果，尤其是那些具有明显教育效益的应用研究成果进一步开发、推广的研究。

（二）按研究的过程划分

就其研究的过程，可以把高校体育科学研究分为选题、研究设计与研究计划、搜集资料、整理与分析资料、撰写学术论文五个阶段。

（三）按研究的内容划分

就其研究的内容，可以将高校体育科学研究分为高校体育教学研究、高校体育管理研究、高校体育思想研究、课余体育训练与竞赛研究、学生体质与健康研究、高校体育师资队伍研究、高校体育发展战略研究等。

（四）按研究的方法划分

就其研究的方法，可以把高校体育科学研究分为文献资料研究、调查研究、观察与实验研究等。

（五）按学科归属划分

就其研究内容、方法和手段所依据理论的学科归属，可以把高校体育科学研究分为教育学研究、管理学研究、心理学研究、生理学研究、社会学研究等。

三、高校体育科学研究的特点

（一）实践性

高校体育科学研究不仅课题源于高校体育实践，而且基本素材也源于高校体育实践。开展高校体育科学研究的目的在于指导高校体育实践，即便是高校体育的基础理论研究，最终也是要为高校体育实践服务的，抽象的理论只有与具体的实践结合才会有生命力。同时，高校体育研究成果是否具有创造性，也必须经过高校体育实践的验证。

从高校体育科学研究的具体实施来看，高校体育科学研究一般很难在实验室进行，大多数是在高校体育实践过程中进行观察、访问、调查和实验。由此可见，高校体育科学研究具有很强的实践性。

（二）群众性

开展高校体育科学研究离不开专门的科学研究机构，但高校体育科学研究仅仅依靠专门研究机构是远远不够的，这与当前教育改革的不断深化与发展所赋予高校体育科学研究的历史使命是不相称的。

如前所述，高校体育科学研究具有很强的实践性，广大高校体育工作者在体育教学实践中积累了丰富的实践经验，这些实践经验是高校体育科学研究取之不尽、用之不竭的源泉。高校体育科学研究课题离不开广大高校体育工作者的发掘，科学研究工作离不开他们的支持与配合，科学研究成果也离不开他们去验证和推广。因此，广大体育工作者是高校体育科学研究的人力资源和智力资源。事实上，广大体育工作者已经成为高校体育科学研究的主力军。

从科学研究本身来看，高校体育科学研究的影响因素较多，涉及校内和校外、家庭和社会；研究的内容涉及多学科的理论知识。因此，高校体育科学研究必须利用个体和群体的优势，发挥多方效应，专、兼职结合，集体攻关。从这个角度讲，其群众性也是显而易见的。

（三）迟效性

体育作为教育的重要内容贯穿学校教育的全过程。就一般人的常规教育而言，从小学到大学毕业需要16年左右。高校体育要实现增强学生体质，促进学生身心协调发展，培育学生良好的运动能力和思想品质的目标。而学生体质的增强、健康水平的提高、个性的协调发展不是一蹴而就的，而是一个长期的、渐进的积累过程。即便是一项技术的掌握、技能水平的提高，也绝非几次教学课就能奏效的。

因此，许多高校体育科学研究课题在很大程度上难以立竿见影，特别是预测研究、追踪研究，以及涉及高校体育全局的改革研究。当然，我们不否认有的高校体育科学研究项目能取得阶段性的成果，但就高校体育科学研究的总体效益和效益的全面实现而言，其具有明显的迟效性。

四、高校体育科学研究的任务

（一）总结高校体育工作的经验和教训

中华人民共和国成立以来，高校体育教育发生了质的变化，积累了丰富的经验，形成了适合我国国情的高校体育教育体系。改革开放后，我国高校体育教育理论和实践又有了新的发展，国外高校体育教育理论和经验被引进，如何正确处理继承与发展、引进与吸收的关系，需要通过科学研究来解决。因此，总结经验和教训是高校体育科学研究的一项基本任务。

（二）揭示高校体育工作规律

高校体育科学研究要把调查和研究高校体育工作的现状、特点，揭示高校体育工作的规律作为主要任务。高校体育工作中方针政策的制定需要理论的指导，而理论来源于实践，我国高校体育丰富的实践是高校体育理论产生的源泉。但是，实践并不能自发生成理论，必须经过科学研究，将实践经验上升为具有普遍意义的理论，才能指导实践。因此，揭示高校体育工作规律，为科学制定高校体育工作的方针政策提供依据，是高校体育科学研究的又一基本任务。

（三）探索深化高校体育改革的途径

高校体育科学研究的任务不仅限于总结经验和教训，调查、了解现状，更重要的是利用高校体育的各种理论与方法，探索改革过程中出现的新问题，从而更新教材，促进新兴学科的建立与发展。同时，高校体育科学研究有利于高校根据具体情况建立具有特色的体育教学新体系，探索高校体育改革和发展的最佳途径。

（四）广泛开展改革实验研究，提高改革的成功率

改革实验是高校深化体育改革的重要措施和手段，是实现全面改革、提高改革成功率的技术措施。国内外的许多改革经验和教训都证明，如果没有改革实验做先导，盲目地全面展开，会造成不必要的损失，甚至导致改革的失败。

20世纪60年代，布鲁纳（Bruner）倡导的以课程改革为中心的教育改革之所以失败，其重要原因之一就是教育改革没有通过较长时间的教育实验，就贸然地大面积铺开。我国的高校体育发展水平不平衡，各地的实际情况千差万别，改革不可能完全是一个模式。要结合各地的实际情况，发挥地方优势，选择最佳突破口进行改革实验，在总结经验的基础上大面积展开，以保证改革的成功率。由此可见，广泛开展改革实验研究，也是高校体育科学研究的一项重要任务。

五、高校体育科学研究的意义

（一）有助于提高高校体育工作质量

高校体育是国民体育的基础，要把我国建设成为体育强国，高校体育是战略重点。要实现这一目标，必须全面提高高校体育工作质量，加强高校的体育科学研究工作。

随着高校体育改革的深化，体育实践中出现了许多新问题，解决这些新问题，单纯靠实干加经验是不行的，必须走科学化的道路，广泛开展高校体育科学研究工作，全面而深入地揭示高校体育工作的规律。

（二）有助于提高高校体育工作者的素质

高校体育工作者包括体育教师、管理人员、教研人员等，他们都为实现高

校的体育目标而努力工作着。提高高校体育工作质量，很重要的一点是提高高校体育工作者的素质，而要提高高校体育工作者的素质，从事科学研究是一条很重要的途径。通过科学研究可以及时总结经验教训，将其变成宝贵的精神财富，还可以培养观察问题、分析问题、解决问题的能力。

六、高校体育科学研究的程序

体育科学研究是人们在体育实践的基础上，对体育现象内在规律的认识和探索过程。从体育科学体系来看，其研究领域涉及体育生物科学、体育人文社会科学和体育技术科学，这三个研究领域工作的一般过程和研究程序既有相似之处，又有所区别。体育科学研究主要涉及"发现"和"证实"这两个基本问题，它们之间具有本质的区别。但无论是"发现"还是"证实"，无论是技术创造还是发明，都要经历一个过程，即在一个大的框架中遵循科学的方法和步骤。不同的研究课题在如何完成这些步骤上存在较大的差别，就高校体育科学研究来说，其程序如下：

（一）确定课题

发现和提出科学问题，需要研究人员具备较高的素质。人们面对的科学问题是多种多样的，科学研究到底要解决哪些问题，需要认真选择。而在高校体育实践过程中，也常常会遇到一些亟待解决的问题。

在课题确定之后，便是明确处理问题的目标或建立研究假设的阶段。有时，一个具体的问题涉及的目标范畴较大，但是在研究论文中应该是一组具体的目标，且这组具体的研究目标是围绕课题的研究目的出发的。在论文或科技成果的报告中，研究目标要用逻辑清晰的书面形式陈述出来。在这一过程中，一个更重要的研究步骤就是建立科学的研究假设。研究假设是人们对客观事物变化的原因及其运动规律所作的假定性说明，是发展科学理论的必经之路。

（二）制订研究计划

系统地提出研究设计是为了达到研究目的、实现研究目标、检验研究假设。研究设计要考虑许多因素，它是使研究结果得到承认的基础。研究结果的可靠性完全依赖于研究设计的有效性，而不是研究结果本身。在高校体育科学研究中，要注重研究方式与逻辑、研究目的与目标、研究样本与指标，以及研究假设、统计分析的综合考虑。

（三）研究资料的收集和经验事实的获取与积累

在这一阶段，主要使用具体的研究方法（如文献资料法、调查法、观察法、实验法等）获取研究所需的资料。获取资料的方法取决于研究课题的性质及研究方式的选择。它常常是一个比之前的步骤更为机械的步骤，但并不等于单纯的操作性活动，而是在科学思维的支配下进行的一种创造性的实践活动。

从科学认识领域来看，研究资料仅仅是科学活动中经验事实的一部分，而经验事实的获取与积累又主要依赖于科学的观察和实验。经验事实不仅概括了研究人员对研究对象的属性、特征和关系，以及运动、变化和发展过程的描述、记录与反映，还是科学认识的最初成果，更是科学认识继续深化、发展并产生飞跃的基础。

（四）对经验事实的加工整理

达尔文曾说过："科学就是整理事实，以便从中得出普遍的规律和结论。"整理和分析研究资料是形成科学理论的必经环节和过渡桥梁，研究活动不能只停留在经验事实的获取与积累阶段，必须运用各种思维方法对已获取和积累起来的经验事实进行整理与加工，使科学认识活动从感性认识上升到理性认识，对经验事实的整理与加工必须富有创造性。

（五）阐明结果，撰写研究报告和论文

研究者在进行科学研究活动的过程中，一旦得出研究结果，必须进行解释和分析。在这一环节中，对结果的解释比获得经验事实的过程更为重要，更容易引起学术上的争论。同时，还必须清楚，研究结果与研究结论具有实质性的区别。科学研究是一个创新的过程，在这一过程中，从某些问题中得出的答案常常会引起其他问题，对一个既定现象了解得越多，就越有助于科学理论的形成与深化。

第二节 高校体育科学研究方法

一、高校体育科学研究方法的内涵

方法是指关于解决思想、说话、行动等问题的门路、程序等。体育科学研究方法则是进行体育科学研究的工具与手段。科学研究是一种高级的认识形态，所以，科学研究的方法就必须有自己的特点，它必须严格地建立在客观规律基础之上，并且是程序化的方法。体育科学研究方法是实现正确认识体育客观规律的有效工具，按照它提供的一定程序，可以有效地达到科学认识的目的。例如，体育科学研究方法中的实验法是一种获取研究资料的方法，通过这个方法就有可能发现科学真理。

二、高校体育科学研究方法的种类

学术界将科学研究方法分为三大类型：哲学方法、一般研究方法和专门研究方法。科学研究的方法体系如图 6-1 所示。

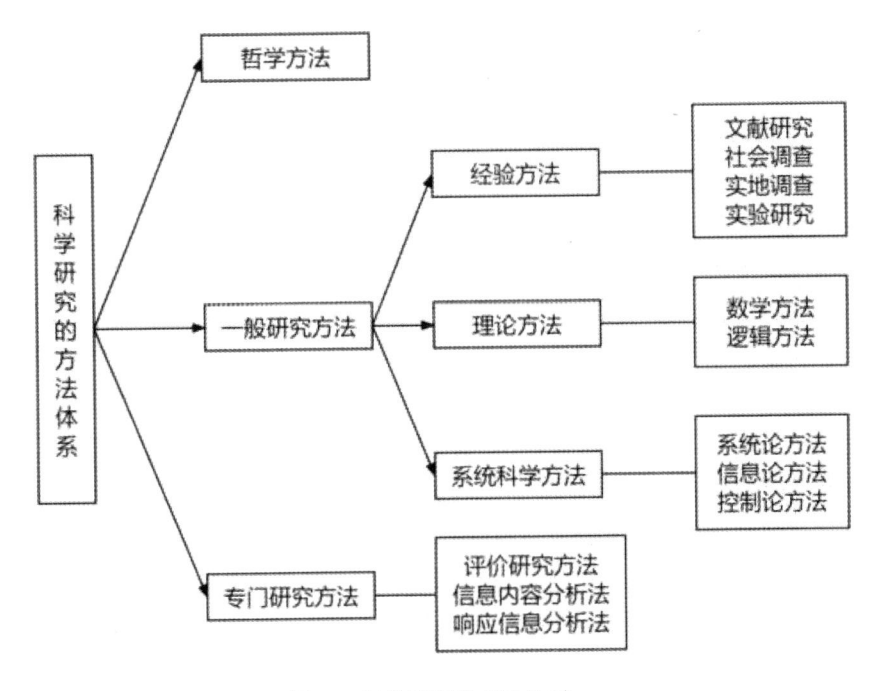

图 6-1 科学研究的方法体系

对某一体育规律完整的科学认识过程，往往需要经历从感性认识到理性认识，然后复归实践等阶段，各个阶段都有不同的研究方法与之相对应。因此，体育科学研究带有很强的综合性和复杂性，这就体现了体育科学研究方法的多样性。

一般研究方法又可以分为三大类，即经验方法、理论方法、系统科学方法。以下将进行具体论述。

（一）经验方法

体育科学研究的经验方法实质上是收集资料的方法，即在科学认识的感性阶段，依据科学理论的指导，运用相应的方法，获得大量与研究对象有关的客观事实，从而过渡到理性认识的阶段。

（二）理论方法

要实现对研究对象本质的认识，仅仅使用体育科学研究的经验方法是远远不够的，还需要配合体育科学研究的理论方法。如果说，体育科学研究的经验方法是收集资料的方法，那么体育科学研究的理论方法就是整理资料和分析资料的方法。体育科学研究的理论方法包括数学方法和逻辑方法等。在体育科学研究中处理大量的感性材料和信息，就需要运用体育科学研究的理论方法。

（三）系统科学方法

20世纪，以系统论、控制论和信息论为代表的现代科学方法的出现，为人类的科学认识提供了强有力的主观手段，深刻改变了科学研究的方法论体系。这些全新的方法在科学研究中既可以作为感性方法来使用，也可以作为理性方法来使用。事实上，我国的部分体育学者已经将这些方法应用在对运动训练过程的监测和运动训练理论的研究方面。

系统方法论是一种探讨系统的结构和功能及其变化发展的理论。其核心思想认为，系统是由若干相互作用、相互联系的部分组成的具有一定结构与功能的整体，这个整体包含若干子系统。

系统方法论对体育科学研究的指导作用主要体现在以下两个方面：

一是将体育现象作为一个整体的系统进行研究。

体育是社会大系统中的一个子系统，同时又包含了若干个子系统，它们之间相互作用、相互制约，组成了一个复杂的整体结构。例如，体育包含内部系统与外部系统，内部系统又包含竞技体育、学校体育、社会体育，以及三者之间的相互关系、体育运动与人之间的相互关系等。体育的外部系统与社会大系统下的子系统，如体育与政治、经济、文化、科技等都有着密切联系。

二是把体育现象作为一个开放的系统进行研究。

体育作为一个开放的系统，在不断的运动和发展变化中，在主客体相互作用的过程中，在体育文化传递的过程中，不断地从外界输入信息、存储信息并加工信息，以实现体育的定向调节作用。

系统科学方法是根据事物本身的系统性，把研究对象作为一个具有一定组织结构和机能的整体来加以观察的方法。它具有整体性、结构性和动态性的特征。系统方法论认为，体育事业是由若干个子系统组成的，这些系统内的各因素相互联系、相互作用，组成了一个整体结构，这个整体结构具有动态性、整体性、组织性等特点。

三、高校体育科学研究方法选用的注意事项

（一）详细描述研究方法

如果研究方法的描述出现错误，研究结果的资料将无法支持研究课题的论点。对研究方法和技术进行深入叙述时，要将研究的思路和设计贯穿其中，详述研究对象、所用方法及统计处理等信息。

本杰明·韦斯（Benjamin Weiss）教授从编辑视角分析了科学研究方法应提供的信息。在他的论文中，对研究方法做了精彩论述，将其比喻成棒球比赛阵容的安排，认为研究方法的构成应包括一垒手（谁）、二垒手（什么）、左外野手（为什么）、右外野手（如何）和中外野手（因为），要求科学研究工作者认真安排好方法的各部分。要做到这一点，必须考虑以下内容：

第一，一垒手，即"谁"，要详细描述研究对象的特征、操作定义，以及选择或排除研究对象的标准。

第二，二垒手，即"什么"，要详细叙述研究设计的性质，此设计该如何

具体地陈述研究假设及相关的因变量和自变量。

第三，左外野手，即"为什么"，要确定采取的研究措施。

第四，右外野手，即"如何"，要系统地说明研究所采用的步骤，以便其他研究者能够复制。

第五，中外野手，即"因为"，要提供数据分析并诠释研究问题的路线图，解释选择统计方法的理由。

（二）合理选择研究方法

研究方法的设计和选择是科学研究过程中两个重要的方面。科学研究的方法有很多，有定性的、定量的、定性与定量相结合的；有调查，也有观察和实验；有案例研究，也有行动研究等。关键在于是否能做出恰当的选择并合理运用。

（三）规范撰写研究方法

随着科学研究的发展，研究方法的规范性得到越来越多的关注。例如，美国、英国等国家所要求的科学研究论文框架，通常要求具备以下方面：

第一，涵盖文献评述章、方法章、结论章、讨论章等。

第二，在方法上，要求描述研究计划、陈述论据。

第三，介绍研究工具并说明怎么做的或将怎么做。

第四，数据分析如何证明和描述，要求对所运用的方法做具体的描述。

同时，在方法设计上，需要考虑的问题包括：

第一，准备用来解决问题、证明观点、获得更多详尽可靠知识的方法。

第二，选择这个方法的理由。

第三，运用这个方法需要研究者具备的知识和技能。

此外，科学研究论文还要对整个研究过程中的思维方式做哲学层次上的思考，对如何发现问题、确定问题、使用什么样的方法收集资料、分析资料，以及最终要达到什么样的目的等做出缜密、系统的思考与设计，特别是对具体研究方法、手段与技术（如统计、调查、归因等）应正确、规范使用，使研究成果更具实践意义和推广应用的价值。

（四）创新运用研究方法

知识的获取和使用需要方法，知识的创新更需要方法。科学研究工作者只有掌握了研究方法并不断创新，才能更好地提出新理论，并将理论有效地运用到实践中去。

四、高校体育科学研究方法的作用

（一）正确反映研究对象规律的通道

体育科学研究的对象有时是相当复杂的，犹如在大海中行船，不采取行之有效的科学研究方法，必然会付出巨大的代价。而使用正确的科学研究方法能够找到如实反映研究对象规律的通道，使研究者的认识与研究对象的客观实际相统一。

（二）为体育科学的形成与发展开路

科学发展的历史表明，科技的每一次重大进展，几乎都伴随着科学研究方法的重大进展；反过来，研究方法的每次新发展，又总是能使人类对自然规律普遍性的认识进一步深化。在体育科学的发展中，正是因为心理学、生理学、生物力学和生物化学研究方法的发展，才使得运动心理学、运动生理学、运动生物力学和运动生物化学等学科的形成成为可能。伴随着现代科学技术的发展和体育科学研究方法的更新，体育仿生学和体育控制理论等相继产生。

（三）使科学认识程序规范化

现如今，从认识论出发，可将科学认识的过程分为感性认识阶段、理性认识阶段及复归实践阶段。研究方法所提供的思维步骤与操作步骤的规则、程序及其合理性标准等,能使科学认识的程序更加规范化。当然,科学研究方法是不断发展着的,永远不可能出现一种尽善尽美的方法,但也不可否认,某个历史时期有最优化的方法存在。随着信息时代的到来,更加规范化、优质化的科学研究方法就显得尤为重要。

第三节 高校体育科学研究的基本原则和要求

一、高校体育科学研究的基本原则

(一)教育性原则

所谓教育性原则,是指高校体育科学研究的课题、研究手段与方法、研究过程与结果都必须符合教育的要求,必须有利于学生思想品德建设和身心发展。体育是教育的重要组成部分,因而,高校体育科学研究应为实现教育的总目标而服务。在考虑对所要研究的问题是否有利的同时,又要不损害学生的身心健康,这既是高校体育科学研究的鲜明特点,也是高校体育科学研究必须遵循的原则。

高校体育科学研究的内容必须符合教育的要求,不允许向学生提出与教育目的相矛盾的问题。例如,研究者在进行问卷调查时,所提的问题既要客观反映高校体育的现实,又要有利于对学生进行正面教育。研究者选择研究手段和方法,以及设计研究程序时,不能只考虑对所要研究的问题有利而不顾学生的身心健康。也就是说,研究者所选择的研究方法和手段必须是道德的,是符合教育原则的，在移植其他学科的研究方法和手段时更应注意这一点。此外，贯彻教育性原则，还要求广大高校体育工作者在科学研究中实事求是、尊重事实、尊重他人，要有积极协作的精神。

（二）理论与实践相结合的原则

唯物辩证法认为，理论与实践是辩证统一的。理论来源于实践，实践是检验真理的唯一标准；理论指导实践并在实践中得到发展。高校体育科学研究的课题不仅主要来自高校体育实践，而且其研究成果的科学性和有效性也必须通过高校体育实践的严格检验去证实。在自然科学研究中，基础理论一般是从实验室得出并经过严格验证的，其本身就具有很强的真理性和预见性。而在高校体育科学研究中，研究对象的影响因素多且难以严格控制。因此，有时就很难通过重复实验或逻辑推理去检验理论的正确性，这就需要通过高校体育实践这一主要途径加以验证。

但是，在强调实践的同时，也不能忽视对理论的研究。高校体育理论既是结构复杂的理论科学体系，又是实践性非常突出的应用科学体系。它包含许多与生物、社会、心理、教育等息息相关的重大理论性课题与应用性课题。科学研究的根本目的在于指导实践，抽象的理论只有与具体的实践融为一体，才能生动活泼、富有活力。

（三）继承与创新统一的原则

科学研究最突出的特征是具有创造性。然而，科学研究的任何创新成果都离不开对前人优秀成果的继承与发展。在高校体育科学研究中，一个新观点的提出、一种新思想的确立、一门新理论的构建，都包含着对优秀成果的继承。改革开放以来，我国高校体育科学研究活动异常活跃，新思想、新观点、新理论、新方法不断涌现，这些都建立在对前人成果的继承上。当然，强调继承并不意味着盲目地兼收并蓄，而是建立在扬弃基础上的继承。由于已有的成果是历史的产物，不可避免地受到当时历史环境的影响和制约，因此对前人已有的成果要进行科学分析，取其精华。总之，想要推动高校体育科学研究的发展，必须不断创新，而创新又以对前人优秀成果的继承为基本条件。因此，只有把两者结合起来，高校体育科学研究才会结出丰硕的创新之果。

二、高校体育科学研究的基本要求

（一）坚持实事求是，从客观实际出发

科学研究工作要严格从客观实际出发，承认客观存在，尊重客观事实，不夸大，不缩小，这就是客观性原则。如果不遵循客观性原则，在研究开始之前就想当然，预先提出自己的结论，这样不是把科学研究过程看作从丰富的客观事实中发现事物发展规律的过程，而是把科学研究过程作为证实自己早已得出的结论的过程，就容易为了证明自己结论的正确性而歪曲事实，只选择对证明结论有利的材料，从而产生错误的、反科学的研究成果，这在历史上是有过许多教训的。

从实际出发就是在整个科学研究过程中，要密切结合自己的工作实际，反对赶时髦、随潮流、怕讲真话的工作作风。科学研究的选题应根据自己的知识结构、研究能力、兴趣专长，以及物力、财力、时间等客观条件来确定，不能好高骛远、脱离实际地选择那些不具备研究条件的课题来研究。

科学研究要注重应用研究，这并不意味着不做基础研究与发展研究，只是就目前高校体育的现状、条件及教师的研究水平与能力而言，应以应用研究为主，以高校体育实践中亟待解决的各种问题为主，研究教师在教学、训练、竞赛及课外体育活动等工作中遇到的问题。这类应用研究课题如能取得创新成果，将会直接推动高校体育工作的深入开展。

（二）树立科学、严谨的态度

研究者在调查、观察及实验的过程中，要不怕麻烦、不辞辛劳地做细致的

记录和精确的测量，并如实统计数据。高校体育科学研究主要研究人体的活动规律，因此研究必须是具体的、有根据的，那种笼统的"大概如此"的结论是不行的，急于求成、粗制滥造，甚至为了取得显著成果而选择性地编造数据的做法更是不可取的。另外，研究者应不盲从国外的理论与方法，不迷信"权威"的思想与观点，从我国具体实际出发，运用各种可行的研究方法，揭示高校体育工作的规律，提高高校体育工作的质量。

（三）加强道德修养

研究者要不断加强自身的道德修养，要具有尊重事实、尊重他人劳动的良好品德。大多数研究课题都需要多人配合才能完成，因此，具有大局意识和协作精神是研究者不可或缺的品质。此外，研究者要端正科学研究动机、明确科学研究目的，发挥勇于探索、不慕虚名、不畏艰苦的精神，在科学研究中达到预期目的。

第四节 高校体育科学研究创新管理

高校体育科学研究的管理范围较广，涉及组织机构、目标、人、财、物等因素。加强高校体育科学研究管理的目的在于有效组织开展高校体育科学研究活动。提高高校体育科学研究管理水平，对实现上述因素的优化整合、调动广大体育教师从事科学研究的积极性、提高科学研究效率、获得较好的科学研究效果都将产生积极的作用。

高校体育科学研究管理的主要内容包括：

第一，制定体育科学研究计划。

第二，科学地组织高校体育科学研究队伍，并按科学研究工作的需要和个人的能力组织科学研究人员。

第三，成立相应的研究室、实验室、课题组。

第四，为高校体育科学研究工作提供必要的物质条件。

第五，提供体育科学研究工作所需的图书与文献资料。

第六，加强研究人员的培训工作。

第七，组织成果鉴定、推广和评奖等。

一、制订高校体育科学研究计划

高校体育科学研究工作由于长期受到认识和条件的限制，呈现出滞后于体育教学实践工作的现象，尤其是普通高校更为明显，即便是体育院校也未能成为主导体育科学研究的主力军。

从宏观层面看，加强基础研究和应用研究工作固然重要，但是作为高校体育科学研究计划的重点，还应该瞄准高校体育课题的研究，探究新时期中国高校体育的教育思想，研究体育与家庭教育的关系，探讨改进教学方法与教学手段对提高体育教学质量的影响等。

鉴于目前高校体育科学研究工作的现状，应有针对性地指导广大普通高校体育工作者在从事体育教学实践工作的同时，开展高校体育科学研究工作。具体来说，可从以下几个方面着手：

第一，做好高校体育科学研究计划与体育科学研究规划的衔接。科学研究计划应与科学研究规划的方向与精神保持一致。此外，还要注意使规划的战略目标与计划的阶段性目标协调统一。

第二，客观地分析单位或相关研究范围内（如课题组）科学研究人员的力量、人员结构层次和人员知识结构状况，这是制订高校体育科学研究计划的基础，计划可以从小到大、从局部到整体。

第三，实事求是地分析某些体育科学研究计划，看高校是否具备相应的科学研究仪器、设备等条件。

二、加强对高校体育科学研究组织的管理

要高质量地完成高校体育科学研究工作，就必须加强对高校体育科学研究组织的管理。具体来说，可从以下几个方面着手：

（一）设立专门的高校体育科学研究机构

高校体育科学研究机构的设立因科学研究项目、课题来源的不同而不同。一般应由科学研究项目、课题批准部门作为最高管理部门，学校科技处（社科处）和体育教研部（室）应根据高校有关科学研究管理政策加以管理，项目、课题负责人为具体管理者。

（二）明确高校体育科学研究职责

高校体育科学研究工作的主要责任应由项目、课题负责人承担，并对研究成员进行具体的分工。体育科学研究课题需要划分为课题前期管理、中期管理和后期管理三个阶段。各管理阶段的要求也有所区别——前期管理要准、中期管理要紧、后期管理要狠。

（三）建立高校体育科学研究管理制度

制定高校体育科学研究工作管理规定，一方面，是为了保证项目、课题任务的顺利完成；另一方面，也是为了鼓励广大体育教师主动参加体育科学研究工作。除了按照国家、地方科学研究管理部门颁布实施的有关科技法规制定本单位的相应规定之外，还可以结合高校人事分配制度改革（岗位津贴），制定体育教师岗位职责和体育科学研究工作任务，明确科学研究奖惩管理规定。

三、加强对高校体育科学研究的控制

体育科学研究是探索未知的开拓性工作，在科学研究的过程中不定性因素较多，因此在执行科学研究计划的过程中，应根据具体情况及其变化及时向上级申请修改与调整计划。对项目、课题在研究过程中出现的新情况要进行及时的人员调整；经费的分配也应根据项目、课题进展中的新情况进行及时的调拨与再分配；科学研究仪器设备也应根据需要进行更换。

在整个科学研究控制中，尤其要重视对项目、课题研究进度的监管，对阶段性研究成果要及时与项目、课题研究目标进行比较和对照，及时发现问题，分析原因，尽早采取措施，确保项目、课题研究工作顺利完成。在科学研究控制过程中，项目、课题负责人负有重大责任。

第七章 高校体育资源管理

第一节 高校体育资源的概念和分类

一、高校体育资源的概念

高校体育资源是指与高校体育活动密切关联的各种体育场地、器材、设备、建筑物、图书资料，人力资源数量、专业、业务能力，以及各项管理活动等人、财、物的总和。按照其存在的形态，高校体育资源可以分为有形资源与无形资源两种。有形资源有称为硬资源，是指客观存在的物质资源，包括体育场地、体育器材、体育设施、图书资料等。无形资源俗称软资源，如师资力量、体育课的质量、体育训练的水平、体育传统和习惯等。

高校体育资源的概念是从体育资源的概念中衍生出来的。有学者将其定义为高校所拥有的能够增强学生体质、增进健康水平、掌握体育知识、丰富文化生活、提高运动技术水平的多种有形和无形资源的支撑状态。还有学者将我国现阶段高校体育资源划分为体育课程资源、体育信息资源和体育品牌资源等。可以看出，人们对高校体育资源的概念并没有达成共识，只是从不同侧面进行了界定。

二、高校体育资源的分类

高校体育资源的分类，如表 7-1 所示。

表 7-1 高校体育资源的分类

大类	基本类型	类型表现	实例 资源本体	实例 开发利用
有形体育资源	体育教材资源	教材、讲义	通用教材、校本教材	电子教材、校本教材
有形体育资源	体育人力资源	体育教学、管理、教辅人员	体育教师、体育教务管理人员、体育器材管理人员等	兼职教师、外聘教师
有形体育资源	体育场馆设施资源	体育场馆、体育器材	篮球馆、游泳馆、乒乓球馆、羽毛球馆等，教学器材、健身器材等	竞技性或大众性体育表演或竞赛
有形体育资源	体育经费资源	学校财政经费、体育产业收入、社会赞助	学生体育活动经费、体育场馆维护费、体育器材购置费、场馆承包或出租费、广告费等	拓宽体育经费来源
无形体育资源	体育信息资源	公共体育信息、学校体育信息、个人体育信息等	体育课程标准、体育政策、学校体育规划、体育资讯、运动成绩、授课计划等	网络课程、电子资料等
无形体育资源	体育传统资源	学校体育竞赛、传统优秀体育项目、历史成绩等	学校常规体育竞赛、运动会、体育节、传统运动等	综合型运动会、选拔型体育竞赛
无形体育资源	体育组织资源	管理制度、行为规范等	工作手册、管理办法、组织程序等	学校体育管理方案、流程

接下来，笔者将从高校体育人力资源管理、高校体育场馆设施资源管理、高校体育信息资源管理、高校体育经费资源管理四个方面对高校体育资源管理进行研究。

第二节 高校体育人力资源管理

一、高校体育人力资源管理的内涵

一般认为，人力资源指的是能够推动整个经济和社会发展所需劳动力的现实和潜在禀赋的总和。所谓高校体育人力资源，是指推动高校体育发展所需劳动力的现实和潜在禀赋的总和。体育教师、体育设施管理人员、体育教务管理人员都可称为高校体育人力资源，他们具有一定的体育研究能力、创造能力和管理能力。

高校体育人力资源管理是指通过一定的方式整合资源，以发挥体育人力资源的价值，促使体育组织目标实现的过程。体育人力资源管理是一切体育管理的核心，具有很强的政策性和灵活性，没有严格的固定模式。

二、高校体育人力资源管理的目标

高校体育人力资源管理的目标包括以下三点：

第一，保证高校对人力资源的需求得到最大限度的满足。

第二，最大限度地开发与管理高校内外的人力资源，促进高校体育教学的持续发展。

第三，维护与激励高校内部人力资源，使其潜能得到最大限度的发挥。

三、高校体育人力资源管理的基本内容

（一）职位分析与设计

高校首先要对本校体育职位的性质、责任、工作流程，以及能够胜任该职位工作人员的素质、知识、技能等加以分析，在调查、分析所获取的相关信息的基础上，编写职务说明书和岗位规范等人事管理文件。

（二）人力资源规划

把高校的体育人力资源战略转化为中长期目标、计划和措施，包括对人力资源的现状分析、未来人员的供需预测与平衡，确保高校能够及时获得所需要的人力资源。

（三）人才招聘与选拔

根据人力资源的规划以及工作的需要，为高校招聘、选拔人才并将其安排到合适的工作岗位上。

（四）绩效考评

绩效考评对高校体育人才在工作中取得的成绩进行考核并及时做出反馈，以便提高体育人才工作的积极性，为他们的晋升、评优等人事决策提供相应的依据。

（五）薪酬管理

薪酬管理包括对基本薪酬、绩效薪酬、奖金、津贴等薪酬结构的设计与管

理，借此激励体育人才更加努力地为高校体育工作贡献力量。

（六）培训与开发

通过培训提高个人、群体和整个组织的工作效率，进一步开发组织成员的智力潜能，提升人力资源的贡献率。

（七）职业生涯规划

关心体育人才的个人发展，帮助他们制订个人发展规划，以进一步激发他们的积极性和创造性。

四、高校体育人力资源管理的基本原则

（一）目标原则

高校体育人力资源管理既要考虑高校体育目标的实现，又要考虑个人的全面发展，强调在实现高校体育目标的同时实现个人的全面发展。

（二）系统原则

高校体育人力资源管理的系统原则是指高校要统筹全局，把握整体结构，并不断地加以调节、反馈，以促进管理目标的实现。

（三）能级原则

能级原则指按人的才能安排工作岗位，明确其责任，授予其职权，使人的才能与其工作岗位相匹配。

（四）互补原则

为了发挥体育人力资源的整体效能，高校在进行体育人力资源管理时必须

讲究互补。人员的互补是多方面的，有知识互补、年龄互补、能力互补、气质互补等。

（五）激励原则

激励原则是指在高校体育人力资源管理中，通过一定的手段激励体育人才的创造热情以及工作的积极性，并以适当的手段奖励他们取得的成绩。激励的方式有很多，一般有竞赛激励、支持激励、目标激励、关怀激励、领导行为激励、榜样激励等。

五、高校体育人力资源管理的基本要求

（一）为职择人

为职择人是指在体育管理活动中，根据体育事业的需要设置体育管理机构，制定各岗位的职责规范，然后按照岗位选拔合适的人才。

（二）任人唯贤

任人唯贤是指在选拔和任用体育人才时，必须按照人才的政治思想、业务水平及能力大小来择优选拔和任用，切忌任人唯亲。

（三）用当其人

每个人的一生中，都有其能力的最佳时期，体育人才也不例外。在体育管理中必须抓住个人能力的最佳时期，及时、充分地发挥人才的最大作用。

第三节 高校体育场馆设施资源管理

一、高校体育场馆设施的功能

（一）满足体育锻炼的实际需求

体育场馆设施是高校体育工作顺利进行的基础，是提高学生身体素质的物质条件。具体来说，高校体育场馆设施应满足以下需求：

首先，满足学校日常体育教学的需求。

其次，满足校内体育代表队训练的特殊需求。

最后，满足学校举行的各种体育竞赛或学生自发组织的课余体育活动的需求。

（二）满足体育活动的社会化需求

随着时代的进步，我国高校体育活动也逐渐趋于社会化，即高校体育场馆在满足校内体育教学和训练需求的同时，又适当承接校外的体育活动。高校体育场馆与社会的衔接对学生来说有着重要影响，有利于他们与社会的融合。

（三）满足大型体育赛事的需求

目前，很多城市没有设置综合的体育场馆设施，在举行大型的体育赛事时需要借用高校的体育场馆设施，因此高校体育场馆设施应能满足大型体育赛事的需求，在关键时刻派上用场。即使高校体育场馆设施与实际需求存在一定的距离,但只要稍加调整和改善便能达到大型体育赛事的要求,这样既能节省城市体育设施建设的一大笔开支,又能节省人力、物力和时间。

二、高校体育场馆设施的现状分析与管理对策

(一)高校体育场馆设施的现状分析

1. 开展教学情况

高校体育场馆设施的主要用途是体育教学和组织各种校园活动。必须结合高校体育教学的实际情况和校园举办大型活动的情况,合理利用高校体育场馆设施资源。

2. 开放管理情况

高校体育场馆设施主要是为学生提供服务的,所以,高校体育场馆设施资源的利用主要以学生上课、日常训练、开展运动会和学生活动为主。除此之外,高校体育场馆设施还可以为外校学生业余活动和社会人群锻炼提供场所。

目前,我国高校体育场馆的开放形式主要有自由式开放、控制式开放、收费式开放三种。

自由式开放的高校体育场馆资源利用率相对较高,能够为社会人群提供运动场所。一般来说,自由式开放的高校体育场馆包括足球场、篮球场、田径场等体育场所,这类场所面积大、基础设施完备、维护成本相对较低,但容易被破坏。

控制式开放的高校体育场馆主要为半封闭或全封闭的体育场馆,这类体育场馆主要根据高校相关管理条例对外开放。控制式开放的高校体育场馆的特点是基础设施完备、条件好、投资大、维护成本高,但是资源利用率较低。

为了提高高校体育场馆设施资源的利用率,很多高校采取收费开放的方式,为社会人群提供有偿服务,场馆维护成本高、服务对象范围较小、资源利

用率相对较低，但是通过有偿服务可以减轻学校负担。

3.开放时间情况

高校体育场馆开放时间有严格限制，一般情况下，高校体育场馆在教学时间处于闭馆状态，不对外开放。有些高校体育场馆只在周末和节假日对外开放，在其他的时间段不允许外来人员进入。还有很多高校体育场馆只是在学生上课期间对外开放，在寒暑假期间闭馆。这些情况在很大程度上降低了高校体育场馆设施资源的使用率，使高校体育场馆长期处于闲置状态，在时间上限制了外界人员参与体育运动。

（二）高校体育场馆设施的管理对策

1.增加财政投入

为了提高高校体育场馆设施的管理水平，实现高校体育场馆设施的合理利用，为师生提供良好的服务，增加高校体育场馆设施的财政投入十分关键。资金是保障高校体育场馆提供良好服务的基础。当地政府部门需要大力支持高校体育场馆的建设工作，对高校体育场馆的开发和合理利用要大力支持。政府部门可以通过减免税收、设立专项资金等方式支持高校体育场馆建设，对经营良好的高校体育场馆给予表彰。

2.规范经营管理

高校体育场馆设施管理需要改变传统的行政管理模式，学习现代企业经营管理理念，建立高校体育场馆经营管理制度，形成高效、规范的高校体育场馆运营管理体系。

高校需要学习先进的体育场馆经营管理方式和成功经验，结合自身的实际情况制定体育场馆经营管理制度，构建管理体系，明确管理人员职责，规范体育场馆工作人员的行为。同时，高校应根据学校教学情况合理分配体育场馆开放时间，确保体育场馆的合理利用。

除此之外，高校还可以实行市场化管理模式，采取必要的营销宣传措施，建立网络平台，使师生和外部人士可以随时查询体育场馆的开放状态、开放时间、场馆类型、收费标准等信息。

3.有偿开放，增加收入

高校需要结合体育场馆设施的条件及高校教学安排情况，合理制定体育场馆开放时间，对场地条件要求高、投入大、运营管理费用高的体育场馆实行有偿开放，合理确定收费价格。

在确保体育场馆合理利用的基础上实行有偿开放，有助于增加体育场馆的收入，改善体育场馆的条件和服务管理水平，为人们提供更好的服务，实现良性循环。

4.提高管理人员的素质

为了加强高校体育场馆的管理，实现高校体育场馆资源的合理利用，高校需要聘请专业管理人员，制定高校体育场馆管理制度，并严格按照管理制度履行职责，为师生和外部群众提供优质、便捷的服务。

三、高校体育场馆设施资源的社会化

（一）高校体育场馆设施资源社会化的意义

1.推动群众体育的发展

随着社会的发展和人们生活水平的提高，人们对健康越来越重视。调查显示，很多居民都是在街道广场、公园或自己家里进行锻炼。高校拥有比较专业的、高水平的运动健身场馆，相比于其他的健身场所，高校在体育场馆的数量、面积与质量上具有很大优势。因此，高校向社会开放体育场馆，不仅可以满足人们对健身场所的需求，而且可以让人们享受高质量的体育场馆服务，推动群众体育的发展。

2.提升全民体育意识

高校承担着很多的社会责任。高校向社会开放体育场馆，可以提升全民体育意识。人们在高校的体育场馆内除了可以享受高质量的体育健身服务外，还可以享受全方位的服务。同时，高校可以提供积极向上的运动氛围和价值观念，引导全民树立体育意识，倡导全面健身、终身健身的理念，从而更好地履行其社会责任。

3.缓解高校资金紧张压力

大多数高校的体育场馆都采取收费制，即使是本校学生，在体育场馆活动也要收取一定的费用，用来维护体育场馆的正常运行。虽然政府会给予一定的财政补贴，但是不能满足高校体育场馆正常运行的需求。将体育场馆设施资源向社会开放共享，就可以有更多的资金用来维护高校体育场馆及其相关设施，缓解高校资金紧张的压力。

4.提高学生的实践能力，推动教学改革

高校体育场馆对外开放，可以使学生接触到更多的社会人员，进而让学生对社会的发展动向和社会对人才的要求有更加深刻的认识。学生可以通过与社会人员接触，增加阅历，提升自己的交际能力。同时，学校可以根据学生的需求开设相应的课程，让培养出来的人才更加适应社会的需求。

（二）高校体育场馆设施资源社会化的措施

1.政府给予一定的财政补贴

高校体育场馆设施大部分是学生在使用，磨损较小，对外开放后，体育场馆的设施磨损则会比较大，管理费用会相应增加，所以，政府要给予一定的财政补贴来保障高校体育场馆设施的正常使用。同时，政府给予补贴可以减少高校向社会开放体育场馆的顾虑。

2.转变观念，引进市场经济体制

以往很多高校体育场馆不对社会开放，高校并没有以此建立收益体系，这

也成为高校资金方面的一大压力。随着体育大众化和市场化的发展，高校体育场馆对外开放是大势所趋。所以，高校应转变发展观念，引进市场经济规则，将体育场馆由学校的资金压力转变成资金收益。

高校引进市场经济规则可从以下几方面入手：

首先，要确定体育场馆使用的有偿性，采用信息技术，推出办卡业务，使用打卡机制。

其次，推出阶梯收费，即时间越长，单位时间费用就越低。

最后，综合利用网络资源，即在相关网站推出相应的活动，这样不仅可以提升竞争力，而且可以为高校体育场馆打广告，提升其知名度。

3.利用高校人力资源优势，提升服务品质

高校作为人们活动比较集中的地方，有着巨大的人力资源优势。高校体育场馆对外开放，就可以充分利用这一优势提升场馆的服务质量，主要表现在以下几个方面：

首先，高校可以鼓励体育专业的学生担任体育场馆的教练或服务人员，提供一定的健康运动指导，这样不仅可以丰富学生的实践活动，还可以提升学生的综合能力。

其次，鼓励体育教师参与体育场馆的对外开放工作，体育教师具有专业的理论知识和丰富的实践经验，可以提供专业的指导和管理。

最后，高校可以利用人力资源的优势降低设备维护的成本。

高校通过利用自身的人力资源优势来提升体育场馆的服务品质，不仅对高校体育场馆设施资源向社会开放共享具有非常重要的意义，而且能够提升体育场馆的竞争力。

4.建立规章制度，为意外事故的发生提供法律保障

在体育运动过程中，不可避免地会出现一些意外，因此要建立相应的规章制度，为意外事故的发生提供法律保障。规章制度不仅为运动人员的人身安全提供保障，同时也为体育场馆的正常经营保驾护航，主要应从以下几个方

面着手：

首先，体育场馆需要时刻提醒运动人员小心谨慎、注意安全，避免意外事故的发生。

其次，在体育场馆内醒目的地方应张贴危险事故发生后的紧急处理办法，定期检查体育场馆内的安全出口和安全设施，以保障出馆路线的畅通。

最后，落实保险制度，实名制进入体育场馆内部，由进馆人员自主决定是否购买保险。

第四节 高校体育信息资源管理

一、信息的含义和性质

（一）信息的含义

信息表达反映了人们对某一事物的认识和了解程度。信息与决策密切相关，正确的决策必须依靠足够数量且可靠的信息，信息通过决策体现自身价值。

（二）信息的性质

1.客观性

信息不是虚无缥缈的，也不是可以随意想象和创造的，它是客观存在的，而且无处不在、无时不在，可以被人感知、处理、存储、传递和利用。信息必须依附于一定的物质载体才能存在，但信息本身不会因为所依附的物质载体的改变而发生变化。

2.传递性

客观事物本身在不停地运动变化，信息也在不断地发展更新，它可以通过多种渠道传递。我们把信息在时间或空间上从某一点向其他点移动的过程称为信息传递。信息传递需要借助一定的物质载体，这种可以帮助信息传递的物质载体被称为信息媒介。一个完整的信息传递过程必须具备信源（信息的发出方）、信宿（信息的接收方）、信道（信息媒介）和信息四个基本要素。

3.可加工性

信息是可以被加工的。所谓信息加工，是指把信息从一种形式转换为另一种形式，同时，在这个过程中去除干扰因素，保留对接收方有用的信息。

4.效用性

对信息的使用者来说，信息必须具有一定的使用价值，能够帮助使用者处理各种各样的问题。在追求信息的效用性时，必须注意信息的时效性问题。信息的时效性是指信息从信息源发出，经过传递、接收、加工、利用的时间间隔及其效率。一般来说，时间间隔越短，信息的时效性越强。

通过以上对信息的论述，我们对信息有了基本认识。因此，不难理解体育信息的含义：体育信息是指客观存在的，可以降低人们对体育运动现象和规律认识的不确定性及模糊程度的数据或资料。

二、体育信息的特征和分类

（一）体育信息的特征

体育信息作为信息的一种，既具有信息的一般特征，又具有自己的独特性。在研究体育信息的特征时，除了要掌握体育信息作为信息所具有的一般特征外，更要提高对体育信息自身特征的认识，只有这样，才能加深对体育信息的理解，并有助于对其进行有效的管理。体育信息的特征有以下几点：

1.广泛性

随着现代社会的不断发展和体育社会地位的不断提高，可以说，当今世界几乎每天都在进行着各种各样的体育竞赛，人们可以通过参加体育竞赛或观看各种比赛来获取体育信息。

另外，新闻媒体也是体育信息的重要来源和传播渠道。现在，世界上几乎所有重要的报纸都有体育版或专栏，有影响力的电视台也都有体育频道或体育节目。从体育信息的使用来看，同一信息可以被多方利用，管理人员、教练员、教师需要，运动员、学生需要，科学研究人员需要，体育爱好者、体育记者需要，这就使得体育信息在使用方面表现出了广泛性。

2.综合性

随着科学技术的发展，一些学科与体育的交叉渗透日益明显，这不仅促进了体育的发展，同时也使体育信息呈现出综合性的特征。例如，体育科技信息，其内容就可能涉及材料学、力学、人体形态学等多门学科的知识，是其他一般信息所无法比拟的。

3.周期性

周期性是指体育信息的有效使用时间呈现出周期性特征。随着体育运动的普及、体育科学的发展以及运动技术水平的提高，体育运动的新成果、新理论、新方法、新纪录不断涌现，促使体育信息更新的速度不断加快，体育信息的有效使用时间越来越短，这一点在竞技体育信息中的表现尤为明显。

人们通常用"半衰期"来衡量信息的有效使用时间。根据我国对不同学科文献半衰期的调查，体育理论学科文献的半衰期为5.9年，运动训练学科文献的半衰期为5.4年，运动医学学科文献的半衰期为6.8年，运动心理学学科文献的半衰期为5.5年，运动生物力学学科文献的半衰期为5.0年。在竞技体育中，奥运会、世锦赛、亚运会等重大体育赛事往往会成为体育信息更新的一个阶段性标志。

4.保密性

一般来说，同一体育信息可以被不同的人共享，比如，国际体育的竞赛规则、体育场地器材的标准等信息是被世界各国广泛使用的。但有些体育运动竞赛本身就有强烈的对抗性，因此许多训练方案和比赛战术等信息是具有保密性的，只有经允许的主体才能获取这些信息。

正是由于某些体育信息具有很高的价值，所以许多国家与各比赛对手之间常常存在着"窃密"和"反窃密"的活动，尤其是国际性的体育比赛，某些体育信息的争夺剧烈程度不亚于军事信息的争夺，很多大型的体育竞赛可以说是体育信息的争夺赛。由此，我们就不难理解体育信息的保密性特征了。

5.动态性

客观事物在不停地运动和变化，信息也在不断地发展和更新。因此，我们在获取和利用信息时，必须注意信息的动态性和实效性。

（二）体育信息的分类

体育信息具有广泛性、综合性等特征，如果我们要全面、系统地认识体育信息，就必须对它进行分类。

从信息管理的角度来看，体育信息可以分为系统化的体育信息和非系统化的体育信息两种。系统化的体育信息属于常规信息，这种信息数量大且及时，人们可以通过对这种信息的长期观察和分析，揭示体育运动的规律。非系统化的体育信息是一种偶然信息，是指不按照某种特定的程序而得到的那部分体育信息。非系统化的体育信息主要是指体育运动中特殊的、突然的非正常事件信息，这种信息的随机性很强，需要进行特殊处理。

按照体育系统与外部环境的关系，体育信息可以分为体育内部信息与体育外部信息。体育内部信息是指体育系统内部的、有关自身运行状况的信息。体育外部信息是指体育系统外部的、对体育系统的运行有影响的信息。

根据体育信息的应用部门来分，体育信息可以分为群众体育信息、学校体育信息、体育产业信息、训练与竞赛信息、体育科技信息等。

以体育信息的记录符号为依据，可以将体育信息分为体育音像信息、体育文字信息、体育数据信息等。

以上是体育信息分类中较为常见的几种。当然，体育信息的分类会因为切入点不同而有所差异。

三、体育信息管理内容

体育信息管理是指对体育信息本身的管理，它是一种过程管理。它的任务是运用科学的方法并根据体育实践的客观需要，有目的、有计划、有组织地把国内外最新的体育信息收集起来，经过加工整理、存储、研究后，把有序化的体育信息以各种形式准确、及时、有效地传递给使用者。

（一）体育信息的收集

体育信息的收集是指根据特定目的和要求，将不同时间的有关信息挖掘和汇聚起来的过程。体育信息是客观存在的，凡是有体育活动的地方就有体育信息。要把这些大量存在的、杂乱无章的体育信息变为处理对象，使它们能够为体育管理服务，就必须经过体育工作者和信息专业人员有意识地收集，并把体育信息用文字、数字、符号等形式记载下来，作为体育信息资料，从而为以后的工作提供参考依据。

体育信息的收集是体育信息资源能够得以充分和有效利用的基础，这一环节的工作好坏对整个体育信息管理活动的成败起着决定性作用。体育信息收集的方法较为常用的有问卷调查法、专家咨询法、参观考察法、信息检索法、预定采购法、访问交谈法、日常积累法、委托收买法、交换索要法、技术截获法等。

（二）体育信息的加工整理

体育信息的加工整理是指在已收集的体育信息资料的基础上，把无序的、散乱的文献资料用科学的方法变成有序的、可供排检利用的文献资料的整合过程。现实中，无论是通过现场调查所获得的体育信息，还是通过查阅文献资料所获得的体育信息，在进行加工整理前，都是一种原始状态的信息。

只有按照一定的程序和方法进行专门的加工整理，才能将这些原始状态的信息转变成有序的、系统化的体育信息，才能进行检索、报道。在加工整理的过程中，只有对这类原始状态的信息进行全面的校验和鉴别，剔除不真实、不准确的信息，才能大大提高信息的真实性和可信度。

体育信息的加工整理主要包括两个方面的内容：

第一，对文献资料本身的科学管理，即分类、录入和保管等。

第二，编制检索工具，即二次文献工作，包括对文件资料的选择鉴定、主题分析和编制文摘与索引等工作。其目的是揭示文献资料的内容，便于文献资料的存储与检索。

（三）体育信息的检索

体育信息的检索有文献检索与事实检索之分。文献检索是查找符合要求的文献信息的过程，如查找与某一研究课题有关的参考文献。事实检索是查找特定事实或数据的过程，它所查找的是直接结果而非文献，如查找现代奥运会源于哪年。

从检索方式上看二者是相同的，区别仅在于检索对象的内容上，前者检索的是文献或有关文献的报道，后者则是检索文献中所反映的事实。

（四）体育信息的报道

体育信息的报道，也称为体育信息的传播或传递，它是体育信息管理的重要内容之一。从体育信息的收集到体育信息的研究等各个阶段所取得的成果，只有通过报道才能传播出去，才能满足信息需求者的需要，实现信息自身的价值。因此，体育信息的报道是一个很重要的环节。

体育信息报道的形式很多，常见的有文字报道、口头报道和直观传播报道三种。

1.文字报道

文字报道最为常用，它又可以分为两类：

（1）定向报道

定向报道主要是指信息部门主动进行的信息刊物的编辑出版工作，如《中国体育报》。这类报道连续性强，深受广大用户的欢迎。

（2）定题报道

定题报道指信息部门根据用户的要求所进行的各种信息报道，如"世界杯专题报道"。其报道方式有专题文献题录、文摘、索引等，也有专题评论、学科总结或专题文摘汇编等。这些文字刊物便于使用与收藏，是当前常用的一种报道形式。

2.口头报道

口头报道是指通过座谈、讲座、会议、经验交流等形式进行体育信息的传递，也是信息报道的一种有效形式。

3.直观传播报道

直观传播报道是通过电视、广播等方式，直接对体育信息进行传播，是能最迅速、直观地传递体育信息的一种报道形式。

第五节 高校体育经费资源管理

一、高校体育经费预算

（一）高校体育经费预算的依据

高校体育经费预算应以以下几个方面为依据：

第一，国家和高校有关财政的法规和制度。

第二，本年度高校经费预算的指导思想。

第三，高校对经费预算内容的要求。

第四，上一年度收支指标完成情况的分析和财务决算的分析。

第五，本年度开展高校体育工作所需要的经费预测或者与上年度相比主要的增减项目。

第六，本年度高校体育自我创收经费的预估。

（二）高校体育经费预算的意义

1.为高校科学管理和经济效益的考核提供可靠依据

长期以来，高校采用预算拨款的形式来供应体育经费，年终主要考核预算执行情况，而对这些经费支出取得的成效如何却很少有人过问，因而造成人员经费支出所占比重一直居高不下。

人员经费的迅速增加在很大程度上占用了公用经费的应得份额，使高校体育的发展水平受到一定程度的制约。这些情况表明，有必要将体育经费的使用与教育成果联系起来,通过体育投入、产出指标的横向和纵向对比,考核教育资金的使用效益,促使体育部门精打细算,把体育经费用于人才培养。这样,不但能提高体育资源的利用率,而且可以为高校科学管理和经济效益的考核提供可靠依据。

2.适应高校体育经费来源多元化的必然要求

目前,我国高校及有关部门对体育资源的投资力度同发达国家相比还存在一定差距,高校体育要得到发展,眼睛不能只盯在增加财政拨款这一条路子上。有关部门的财政投入毕竟是有限的,高校要充分利用政府和学校在财政、税收、土地使用等方面的特殊优惠政策,广泛吸纳社会资金,走资金投入多元化的道路。

面对体育经费投入渠道的多元化、人才培养资金的额度、体育资源的补偿和再开发等问题,科学规划、使用体育经费,进一步强化高校体育投入预算力度就显得越来越迫切。

3.保持高校体育稳定和发展的重要前提

高校体育要发展、要改革,稳定是前提。如果一所高校的体育经费预算管理混乱,经常入不敷出,哪里还谈得上稳定和发展。

高校体育要在稳定中求发展,就必须在提高经费预算管理水平上花大力气,强化高校体育经费预算管理就是其中很重要的一点。通过高校体育经费预算管理,可以科学地利用高等教育资源,处理好规模、结构、质量、效益的关系,有效控制各种支出,充分发挥高校人力、物力、财力的最佳效应。

4.调动体育工作者为实现体育事业的发展目标而奋斗

高校体育经费预算是对体育事业实行计划管理,并按照当前需要和长远需要、全局利益和局部利益相结合的原则,把相应的人力、物力和财力用到保证战略重点、加强薄弱环节上来。这样,不但明确了体育事业发展的目标,而且规划出了实现这一目标的途径,因而,能够有效组织和动员从事体育事业的一线工作者为实现共同的奋斗目标而同心协力地工作。

二、高校体育经费投入

(一) 高校体育经费投入的内容

高校体育经费的投入一般包括以下几个方面:

第一,开展正常体育教学、指导运动员训练、组织课外群体活动、维护体育场馆器材、添置图书资料等体育维持费用。

第二,购置大型体育器材的设备购置费用。

第三,建设体育场馆的专项建设费用。

第四,体育教师和行政后勤人员的奖励、福利经费和后勤经费。

第五,体育管理机构的日常办公经费。

(二) 高校体育经费投入的意义

1.促进高校体育产业经济的发展

现代体育已经远远突破了学校的狭小空间,渐渐与社会体育、竞技体育融为一体。因此,高校体育某些领域的活动(如学校高水平运动队、高水平竞技比赛、大规模团体操表演等)应进入市场,按照市场经济的有关规则运行,遵循供求规律、价值规律等市场规则,以实现其经济价值。

体育事业的发展同其他经济事业的发展一样,也要按照经济规律行事,讲求效益和效率,努力使体育劳务进入流通领域,创造价值与收入,增强体育事业的发展活力,提高体育事业自我积累、自我发展的能力。这既是体育产业化发展的必然趋势,也是社会主义市场经济对体育事业发展的必然要求。

只要是产业就必定存在投入、产出的问题。高校体育产业要发展,只有通过投入相应的人力、物力、财力,才能取得较好的经济效益。

2.开展校园体育文化活动的重要物质基础

高校校园体育文化活动的正常开展必须建立在一定的体育经费投入基础

之上，缺少一定的体育经费投入作为保障，体育活动就不可能得到进一步的发展。特别是在 21 世纪的校园体育文化活动中，不仅需要先进的、现代化的体育基础设施作为前提，一定的人力消耗（如体育教师指导、场地服务、器械管理等）作为保障，还涉及高校体育文化环境的优化问题。只有良好的体育文化氛围才能激发大学生的兴趣，也只有投入的体育经费足够，才能推动校园体育文化活动的正常运转，从而促进大学生全面、协调发展。

3.推动体育课程改革向纵深发展的重要保证

体育课程改革是提高大学生整体素质，全面推进素质教育向纵深发展的科学道路，也是实现我国 21 世纪人才战略的重要举措。长期以来，高校体育课程改革进程缓慢。造成这种情况的原因有很多，其中体育经费投入不足、不能满足高等体育发展需要是其重要原因之一。物质投入是各个方面正常运行的动力，没有经费保障，讨论课程改革的其他方面困难重重。只有加大高校体育经费投入力度，才能从根本上解决问题，才能全面推动高校体育课程改革向纵深发展。

第八章 创新教育理念下高校体育课程教学及其质量管理

第一节 创新教育理念下高校体育课程教学的顺利开展

在创新教育理念的影响下，高校体育课程教学也有所发展和完善。体育课程教学管理工作的实施，主要是为了保证高校体育课程教学的顺利开展。做好体育课程教学管理，有助于体育课程教学的整体发展。要保证高校体育课程教学的顺利开展，具体来说，需要从教学准备、教学实施和课程结束之后的检查与评价反思着手，如图 8-1 所示。

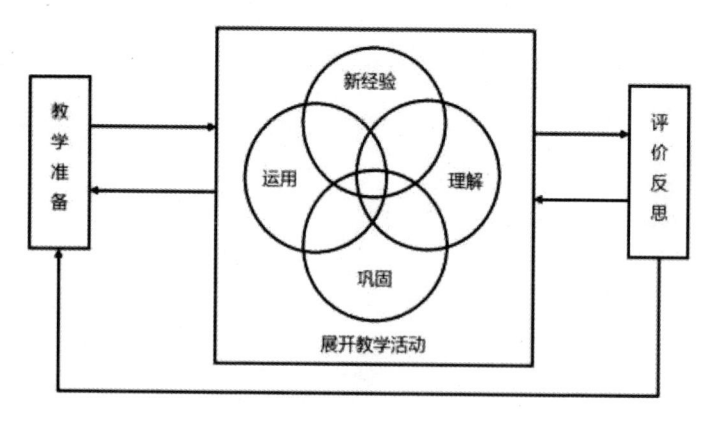

图 8-1 体育课程教学的检查与评价反思

一、体育课程教学准备管理

体育课程教学的课前准备是处于基础地位的，由于教学涉及教与学两个方面，即教师的教和学生的学，因此体育课程教学的准备阶段也涉及两个方面：一个是教师备课，一个是学生预习，这两个方面都是不可或缺的。

（一）教师备课

备课就是教师根据教学大纲的要求和体育课程的特点，与学生的具体情况相结合，选择合适的表达方法，使学生的有效学习得到保证。从教师自身的角度来说，认真备课是上好课的前提，也是充分发挥教师主导作用的重要保证。体育教师在备课时，需要做很多方面的工作，具体如下：

1.认真钻研教材

首先，体育教师一定要对教学大纲进行深入、细致的研究，然后结合体育学科总的教学目标及各单元、本节课的具体教学目标，对教学的基本要求有充分的理解，准确把握教学内容。

其次，体育教师对教材的钻研还体现在对教材重点与难点的把握上。

2.深入了解学生实际

学生作为体育教学的主体，教师应对学生的身体健康状况、认知能力、运动水平，以及学习态度、兴趣、需要和个性特征等实际情况加以了解，在此基础上开展体育课程教学，才能取得理想的教学效果。

3.选择合适的教学方法

在对教材有深入研究，明确教学任务，充分掌握学生实际情况的基础上，教师要将体育课程教学的方法确定下来，与此同时，还要将教学活动的类型确定下来。

4.编写教案

教案，也就是课时计划，是教师进行课堂教学的直接依据。因此，教案的编写至关重要。具体来说，教师编写教案的流程如下：

第一，教师要根据教学大纲的要求和学校的有关规定编写教案。体育教师要以学生的体育基础、伤病情况为依据来备课，同时也不能忽视场地、器材的实际情况，应如实详细记录。

第二，教师编写的教案要具有规范性，根据侧重点保证详略程度的适宜性与合理性。

第三，教案中的文字要精练、准确，教法要正确。

5.准备场地、器材

场地、器材是体育课程教学活动开展必不可少的物质基础，关系着体育课程教学活动能否顺利进行。在开展体育课程教学活动之前，体育教师应组织学生帮忙准备器材。另外，体育教师还要按照体育课程教学活动的实际情况，认真规划场地、科学布置器材。

（二）学生预习

对教师来说，其准备工作是备课；而对学生来说，其准备工作就是预习。通过预习，能够使学生对教材内容做预先的学习，对教材中的主要内容及其重点、难点加以了解，这样，就能够对上课过程中涉及的内容了然于胸，对学习的重点有准确的把握，加快掌握动作技能的速度，极大地提升学习效率。

二、体育课程教学实施管理

（一）明确教学目标

体育教师要将具体的教学内容和学生的实际情况相结合，以此来设置体育课程教学目标。体育课程教学目标指引着体育课程教学的前进方向。在教学过程中，师生双方应紧紧围绕教学目标进行活动。

（二）体育教师的上课管理

在体育课程教学活动中，体育教师具有双重身份，即教学者与管理者。因此，上课管理是将体育教师的这两种职责充分结合起来的重要体现。做好上课管理对教学质量的提升有着至关重要的作用。体育教师对体育课程教学活动的管理涉及的内容比较多，主要体现在以下几个方面：

第一，体育课程教学常规的建立。

第二，思想政治工作的开展。

第三，如何将学生学习的积极性调动起来。

第四，上课时在学生分组上要保证合理性。

第五，选择适宜的教学方法和手段。

第六，准确把握运动的强度。

第七，保证场地、器材的科学合理运用。

第八，做好安全保护措施。

（三）把握好调控的力度

从体育教师的角度来说，调控教学对体育课程教学活动的开展有着非常大的影响。具体来说，要注意以下几点：

第一，教师在分配教学时间时，要充分考虑体育课程教学内容的难易程度及价值，保证分配的科学性。

第二，教师要将启发式教学思想确定下来，然后在其导向下，对体育教学方法加以选用。

第三，在体育课程教学活动中，往往会存在有些学生"吃不饱"和有些学生"吃不了"的矛盾，要处理好这对矛盾，教师就要对学生的年龄特征和个别差异有准确了解。

第四，对学生来说，有效学习是其理想目标，这就需要教师对学生掌握运动技能的效果加以了解，在此基础上，教师还要根据学生动作完成的情况适当调整教学进程。

（四）师生之间积极互动

体育教师在体育课程教学活动中具有重要的主导作用，学生则处于主体地位，两者相结合，才能保证体育课程教学活动的顺利开展。具体来说，要保证体育课程教学活动的开展效果，就要求体育教师从自身出发，努力提升自身的教学积极性，善于营造良好的课堂气氛，以此将学生学习的兴趣充分调动起来。与此同时，学生要按照教师的指引，认真学习，将自身的主观能动性充分发挥出来，以使学习效果最佳化。

三、体育课程教学的检查与评价反思

在体育课程教学活动中，检查与评价反思是最后一个阶段，这一阶段也是非常重要的，不可忽视。检查和评价反思在体育课程教学活动中的功能主要体现在以下两个方面：

第一，帮助学生进一步巩固所学体育知识和运动技能。

第二，帮助体育教师发现体育教学过程中存在的不足，为体育教师及时采取相应的补救措施提供一定的便利。

一般来说，检查就是为了对教学效果有一个全面且充分的了解。检查采用的方式主要有教师观察、身体素质测定、运动技能展示等。检查的内容则包括学生运动技能的掌握情况、学生在体育比赛中综合运用运动技能的能力，以及体育教师业务水平的提高程度等。

评价反思对体育教师和学生来说是体育课程教学活动中不可或缺的重要环节。教学评价反思，具体来说，就是体育教师以学生对新知识、新技能的掌握情况为依据，对教学目标的达成情况进行判断，然后确定要采取的补救措施或者对既定措施加以适当调整，同时，学生也要做好自我监控工作。

除此之外，教师需要对自己在教学过程中的行为、取得的最终效果以及这样做的原因、理想方法或策略的选择等内容进行反思来有效促进理想教学效果的实现，这也能使教师的教学能力和教学水平得到提升。需要注意的是，在体育课程教学活动中，评价反思是一个相对独立的环节，同时又贯穿于整个教学过程中。

第二节 创新教育理念下高校体育课程教学管理的方法

一、体育课程教学管理方法的内涵

体育课程教学管理方法可以理解为一般管理方法在体育课程教学领域及管理活动中的具体化。但是，有一点要强调，体育课程教学管理不是一般性管理方法的复制与翻版，而是有其独特个性的。

具体来说，所谓的体育课程教学管理方法，就是指在体育课程教学管理活动中，为实现体育课程教学管理目标而采取的方法。简而言之，体育课程教学管理方法是课堂教学活动中体育教师为履行管理职责，协调教师与学生之间的关系，保证体育课堂教学活动顺利进行而采取的专门方式、手段和、途径及其程序的总和。

体育课程教学管理方法多样性和灵活性的特点较为显著，需要考虑的因素有以下两个：

第一，体育课程教学活动中教师和学生的情绪变化。

第二，脑力劳动过程和成果的模糊性。

这些特点能够在体育课程教学活动中将学生的自觉性、激情和热情充分激发出来，使学生的积极性得到有效提升。

二、体育课程教学管理方法的功能

（一）培养和提高功能

体育课程教学管理方法的培养和提高功能主要体现在体育教师身上。体育教师在体育课程教学活动中是作为管理者和教学者同时存在的，因此就要求体育教师具备分析决策能力、组织实施课堂教学能力和协调控制课堂教学活动能力。

体育教师自身的知识储备、智慧和经验，为其在体育课程教学中有效选择和运用科学管理方法提供了先决条件，对其体育课程教学管理能力的提高有一定影响。要培养和提高体育教师的管理能力，学习并且在实践中运用科学管理理论及其所阐述的科学管理方法才是根本。从某种程度上说，选择和运用体育课程教学管理方法的过程也是培养和提高体育教师教学管理能力的过程。

（二）连接和沟通功能

体育课程教学管理活动的连接和沟通功能主要体现在教师与学生之间的联络上。从本质上来说，体育课程教学管理活动就是管理者与被管理者之间的一种交互活动，即教师与学生之间协调和联络的一种形式。

体育课程教学活动的顺利进行必须由教师在体育课程教学中组织贯彻实施相应的课堂教学计划，落实到作为组织成员的学生的实际活动中，而这一切都需要体育课程教学管理方法的参与才能顺利进行。可以说，体育课程教学管理方法是体育课程教学活动的中介和枢纽，是教师与学生在课堂教学活动中身心协作的基本通道。

（三）规范和调节功能

体育课程教学管理，就是要保证体育课程教学活动开展秩序的规范性，使管理目标尽快达成，使教学效果最优化。在体育课程教学活动中，管理就是要按照既定的规矩来执行，否则，就无所谓管理了。

从某种意义上来说，规矩是体育课程教学管理手段和方法的体现，其主要目的是有效规范和调节师生在体育课程教学活动中的行为，从而使体育课程教学目标的达成得以保证。

（四）创造和增效功能

体育课程教学管理活动的创造和增效功能主要从方法的运用效果上得以体现。具体来说，能够使教师和学生在体育课程教学活动过程中的关系更加协调，教师和学生之间的摩擦减少，体育课程教学活动的有序化程度和课堂教学目标的达成度有所提升，这些都得益于体育课程教学管理方法的灵活运用。然而，在体育课程教学活动过程中，所采用的方法和手段并不是时刻都能发挥出最优化的效果的，这就需要将体育课程教学管理的增效功能发挥出来，保证效益最大化。

三、常见的体育课程教学管理方法

（一）说服方法

说服，在体育课程教学活动中就是一个摆事实、讲道理的活动，即以合理的阐述引导学生的态度或行为趋于预期的方向。在教育教学的活动过程中，说服就是教师通过摆事实、讲道理，借助言语、事实和示范，把外在的社会角色规范内化为说服改变对象的道德认知，从而改变其态度或使其行为趋于预期目标行为的活动。

说服具有言语刺激、就事论理的显著特点，以理服人，力求引导、启发或改变对象，提高对象进行自我改变的自觉性，重在强调信服而不是压服，是一种利用言语的沟通方法。在体育课程教学活动中，教师利用说服的管理方法，需要做到以下几点：

首先，教师要有坚定的立场。

这是一个教师自信心和权威性最直接的体现。比如，在体育课程教学过程中，如果学生出现不当行为，这时教师就需要从自身的角度出发，将学生行为所带来的不良影响描述清楚，从而改变学生的不良行为。

其次，教师应给学生有感情的回应。

这是对说服对象所应当有的态度。有感情的回应首先必须是积极回应，这对打通师生沟通的渠道是非常有帮助的，在此基础上以一种双方都接受的方式解决课堂教学活动中出现的问题。

最后，教师要有高超的说话艺术。

具体来说，是指教师寻找适当的说话契机，通过各种方式将话题打开，选择合适的谈话地点与场合，同时，教师要对学生的意向有充分把握。

（二）制度约束方法

众所周知，各种竞赛都是有其各自的规则的，对体育课程教学活动来说，其顺利开展也需要一定的活动规则加以约束。规章制度能够使教师顺利进行知识传授，同时，也可以给学生营造良好的学习氛围。此外，规章制度为体育课程教学活动中的每个成员提供了一定的行为规范。

在体育课程教学管理活动中采用制度约束方法，首先要确定好规章制度的标准，即具有合理性、可操作性。这就要求一定要有计划、有耐心地制定规章制度。

对体育教师来说，为了保证采用制度约束方法的效果，有以下两个方面的问题要加以注意：

第一，让学生对自己的行为负责。教师要将体育课程教学管理的规章制度向学生解释清楚，便于学生遵守。

第二，在制定体育课程教学管理的规章制度时，为了避免不必要的解释和争论，可以邀请学生一起参与到规章制度的制定工作中来，同时，这样做也能使学生积极主动地遵守其参与制定的规章制度，提升规章制度的科学性和可行性。

（三）集体教育方法

集体教育方法也是教师在体育课程教学活动中常用的管理方法之一。在体育课程教学活动中，教师使用集体教育方法的目的是通过集体成员之间的交往产生巨大的教育力量，既可以使教师有效地组织管理好课堂教学，又可以帮助学生在课堂教学过程中愉快地学习知识。

在体育课程教学活动中，集体教育的正确导向主要来源于教师的引导和监督，这样能使集体自身发展方向的正确性得到保证，有效满足集体成员的个体需要，顺应体育课程教学活动的要求和整个教育的要求，在这两者之间，教师找到发展的结合点，由此能够促使两者同等进步。

（四）自我管理方法

这里所说的自我管理方法主要是针对教师自身来说的。在体育课程教学活动中，教师作为管理者起到重要的主导作用。教师的自我管理水平制约着整个课堂教学的管理水平。通常来说，在体育课程教学活动中，教师的自我管理主要包括三个方面，即意识自控、情感自控和行为自控。

1.意识自控对教师的要求

一位美国心理学家曾指出："一个教师在教室里所要了解的第一件事就是了解他自己和他周围环境的心理因素和力量。"倘若教师对自己的教学表现没有充分的了解，在教学风格的控制和调节上缺乏灵活性，那么，其课堂教学活动的组织工作就不会很好，最终会影响整体教学效果。由此可见意识自控的重要性。

2.情感自控对教师的要求

教师的情感对体育课程教学活动的很多方面都会产生影响,包括其教学思想和语言的表达,以及学生的听课情绪和思维活动的积极性。因此,善于情感自控是教师基本的职业修养。对此,教师应做到以下几点:

首先,教师要能够控制好自己的情绪,尤其不要将自己的消极情绪带到课堂上。

其次,在教学过程中,学生难免会提出不同的观点或者发泄情绪,这时候教师要注意不让学生的情绪左右自己的情绪。教师应当学会自制和忍耐,以减少教育失误。

最后,在教学过程中,必然存在学优生和学困生,教师要一视同仁,让每一个学生都能感受到教师的尊重。

3.行为自控对教师的要求

在体育课程教学活动中,教师的教学语言、教学组织、示范、表情姿势等,都属于行为的范畴。行为自控对教师的要求主要有以下几点:

第一,在教学语言方面,教师要努力做到准确、精练、简洁、规范,音量高低适中,语速快慢适宜。

第二,在教学组织方面,教师要努力做到环环相扣、循序渐进、疏密相间、重点突出、动静搭配、新颖有趣,形成有规律的教学节奏,易于学生接受。

第三,在示范方面,教师要努力做到规范、准确、步骤清楚。

第四,在表情姿势方面,教师要努力做到自然、大方,与口头语言所述的情景相统一、相协调,使言语表达的生动性和感染力得以增强。

总的来说,教师良好的意识自控、情感自控和行为自控,既是教师进行体育课程教学自我管理的主要内容,也是集中学生注意力、安抚学生听课情绪、激发学生思维积极性、保证课堂秩序的关键所在。

（五）目标激励方法

体育课程教学管理目标本身就是一个特定的要素，对整个体育课程教学产生重要影响，主要表现为导向、激励、调控和评价等。需要强调的是，体育课程教学管理目标的制定一定要和教学目标、素质结构相互衔接、相互贯通，其包含的内容非常宽泛，比如，学科的知识、能力等认知因素，兴趣、需要、动机、情感、意志、习惯和态度等非认知因素，都属于其内容范畴。

在制定体育课程教学管理目标时，首先要注意课堂教学结构、流程、技巧和气氛等显性指标，与此同时，其环节、质量、效率等隐性指标也不能忽视，因为教学目标对管理目标有决定性影响，管理目标的制定要以教学目标为依据。

（六）情感激励方法

实践证明，学生学习的积极性与情感之间是有着密切关系的。情能动人，更能对人起到激励作用。因此，教师在体育课程教学过程中，注意对学生的内在动力进行有效挖掘，善于用真实的情感去激励每一位学生进步，将会取得事半功倍的效果。

体育课程教学管理本身就是一种教师与学生的双向交流活动，它的成效是应该依靠富有情感的交往的。如果一个教师能做到与学生感情融洽、心灵相通，那么，管理者与被管理者双方知识信息的有效传递与反馈就能顺利实现，管理的最佳状态也能有效达成。为此，课堂教学管理中的人际交往，必须是民主、平等、合作的关系。作为管理者的教师应该以平等的态度对待学生，以民主的方式管理和指导体育课程教学。

（七）榜样激励方法

榜样的力量是无穷的。榜样具有形象性、感染性、权威性和可信性等显著特点。通过榜样，能够将外在的激励转化为学生内在的激励，成为他们前进的动力或者终身的楷模。由此，可以将榜样激励方法理解为引导学生选择好的榜样、指导学生学习好的榜样，从而促进学生进步和成长的一种积极方法。

将榜样激励方法应用在体育课程教学管理中，通过榜样的示范来规范、引导学生的行为，激励学生奋发向上，达到预期的体育课程教学管理成效。在体育课程教学管理中，所谓的榜样有两个，一个是教师，一个是学生，这两者都是非常重要的，不可被替代。

（八）分组控制方法

控制是管理过程中的重要职能之一，它对组织成员的活动进行监督，判定组织是否正朝着既定的目标健康地发展，并在必要的时候及时采取矫正措施。所谓的分组控制方法在体育课程教学管理中的应用是非常普遍的，通常用于将学生分成若干小组进行讨论学习的情况。

教师要想在体育课程教学管理中恰当地运用分组控制方法，需要对以下几个方面的事项加以注意：

首先，要做好场地布置管理工作。

在体育课程教学活动中，教师要将学生分组，然后以小组的形式对本节课所学的内容进行讨论，该方面的布置是实施分组控制方法的重要前提条件。

其次，要做好集中小组注意力的相关提示工作。

学生在以小组为集体的讨论、学习过程中，难免会受到其他小组的影响，这就要求教师必要的时候通过各种方式和途径提示学生集中注意力，专注自己的事情。

最后，要做好小组内合作和互助管理工作。

当小组或者小组内成员的成果或行为得到了组外人员的认可，组内就会产生积极的合作和互助，这样不仅能对组内成员的良好表现起到促进作用，还能有效增强小组的凝聚力，有助于教师体育课程教学活动的有效管理。

第三节 创新教育理念下高校体育课程教学质量的管理

所谓教学质量，就是指教学活动或现象满足某些明确或隐含需要的特性。通过总结，将对体育课程教学质量的研究与剖析观点归纳为以下几点：

第一，教学质量主要包括教师的教学工作质量和学生的学习质量，其中，对教学质量的好坏起到决定性作用的是教师的教学工作。

第二，体育课程教学质量应包括投入、过程和产出三个方面。

一、体育课程教学质量管理的内涵

体育课程教学质量指学生经过一定期限的学习后所应达到的规格要求。而体育课程教学质量管理则是通过一定原理和手段的运用来合理协调和利用参与教学活动的各种因素，有效控制体育课程教学过程的各个环节，最终达到预期的质量标准，实现学校教育目标的一种管理方法。

很显然，体育课程教学过程管理包含教学计划管理和教学质量管理两个方面，缺少其中任何一个方面，体育课程教学过程管理就是不完整的。

加强体育课程教学质量管理，需要在观念上明确以下几点：

第一，对体育课程教学质量的认识应该是全面的、完整的。

第二，对体育课程教学质量问题的认识应该从教与学两个方面来进行。

第三，体育课程教学质量管理的受众是全体学生，切忌只针对少数优秀学生。

第四，体育课程教学质量管理是一种全过程的管理。

第五，要确立全员体育课程教学质量管理的观念。

二、体育课程教学质量的主要内容

体育课程教学质量的内容主要有三个方面，即条件质量、过程质量和结果质量。

（一）条件质量

1.硬件条件要符合标准

首先，规定必备的硬件一定要达到相关的要求，否则，人才培养的质量就难以得到保障。为此，就要求必须在体育课程教学质量管理中加强对体育教学条件的管理。

2.要做好体育课程教学基本建设

课程建设、教材建设等都属于体育课程教学基本建设的范畴。因此，电子教材、网上教材等方面的探索与应用也要加以注意。

3.要做好班风建设工作

班风是提高体育课程教学质量的重要保证。班风建设质量的好坏会直接影响体育课程教学质量。学生的学习风气、学习态度是班风建设的根本问题；教师从严执教、为人师表是班风建设的重要方面，要高度重视。班风具体可以分为学风、教风、考风几个方面。

（二）过程质量

教学过程质量也就是平时所说的教学质量，其所强调的重点是理论课和实践性教学环节的动机和效果的一致性。对体育课程教学过程质量产生影响的因素具有显著的复杂性特点，其表象的直观性也非常突出，但其原因却是隐性的，牵涉很多因素，比如，课程体系的合理性，教学大纲的适用性，教师的教学态度、教学手段和方法的合理性，学生学习的态度和能力，考核方法对学生的影响以及教学保障体系正常运转情况等。其中，从根本上产生影响的主要是教师的教学态度、投入程度以及学生学习的自觉性。

具体来说，要做好体育课程教学过程质量管理，需要从以下三个方面着手：

第一，要使各个教学环节教学管理的规范性得以保证。

第二，将教学主要环节的管理作为关注的重点。

第三，要加强对薄弱环节的管理。

（三）结果质量

在关注体育课程教学时，要对体育课程教学结果质量加以关注，这是不可或缺的重要部分之一。可以说，提高体育课程教学结果质量是提高整个体育课程教学质量的重要基础。

在评价体育课程教学结果质量时，需要从以下几个方面着手：

第一，师生关系的融洽性。

第二，教与学的沟通性。

第三，科学性与实用性的融合，不但要丰富学生的知识储存，还要开拓他们的思路。

第四，要求教师运用各种教学艺术精心组织教学，便于学生对知识的理解。

三、体育课程教学质量管理的要求

（一）教学质量管理应处于体育课程教学管理的核心地位

教学质量的高低，能够综合反映出体育课程教学管理水平的高低。体育课程教学管理所管理的内容主要是教学质量，是为了教学质量的提升做准备的。教学质量的管理在整个体育课程教学管理中处于核心地位，管理者要在正确的教学质量观的指导下，根据一定的教学目的，对影响"教"与"学"的各种因素进行检查、分析与控制，从而使教学任务的全面完成和教学质量的全面提高得到有力保证。

（二）体育课程教学质量观和质量标准

1.体育课程教学质量观

所谓的体育课程教学质量观，就是指对教师教学优劣程度总体性的看法和认识，其能够将管理者的教育思想水平反映出来，同时，在整个体育课程教学过程中起着重要的导向作用。

管理者的教学质量观不同，其检查、评价教学质量的标准就不同，对教学过程产生的影响也就不同。因此，树立正确的教学质量观是管理者科学实施教学质量管理的重要前提。

正确的体育课程教学质量观应是全面的质量观，具体表现为以下几点：

第一，对教与学两方面质量的整体认识。

第二，对教学促进学生个体发展的全面评价。

第三，对教学质量的评价要面向全体学生。

2.体育课程教学质量标准

体育课程教学质量标准有总体标准与具体标准之分。

（1）总体标准

体育课程教学质量的总体标准是具有普遍性和方向性的质量标准，是体育课程教学质量管理者应该遵循的根本原则和最高依据。

（2）具体标准

体育课程教学质量的具体标准包括三个方面：

第一，各学科、各年级的质量标准。

第二，教学过程中"教"的质量标准。

第三，教学过程中"学"的质量标准。

参 考 文 献

[1] 郭道全，魏富民，肖勤. 现代高校体育教学概论[M]. 北京：中国商务出版社，2015.

[2] 唐进松，陈芳芳，薛良磊. 现代体育运动训练理论与方法探索[M]. 北京：中国商务出版社，2019.

[3] 谷茂恒，姜武成. 高校体育教学评价体系的构建[M]. 北京：航空工业出版社，2019.

[4] 金向红，陈德泉. 新编大学体育[M]. 苏州：苏州大学出版社，2018.

[5] 陈志军，张君其. 高校体育理论与实践[M]. 苏州：苏州大学出版社，2011.

[6] 周怀玉. 未来高校体育教师必备素质研究[M]. 长春：吉林文史出版，2017.

[7] 龚坚. 现代体育教学论[M]. 重庆：西南师范大学出版社，2009.

[8] 张丽蓉，董柔，童舟. 人文精神视阈下高校体育教学模式的理论构建[M]. 北京：中国纺织出版社，2019.

[9] 黄超文，龚正伟，张子沙. 现代体育课程教学论[M]. 长沙：湖南科学技术出版社，2006.

[10] 杨春越，左文琪，兰博. 大学体育与健康[M]. 北京：北京工业大学出版社，2017.

[11] 余敏克，吴松伟. 大学生体育与健康[M]. 上海：上海交通大学出版社，2012.

[12] 张达成，骆繁荣. 现代体育运动科学训练理论与方法探索[M]. 北京：中国纺织出版社，2017.

[13] 李洋. 建立高校体育教学评价指标体系的原则与方法浅析[J]. 科技信息，2012(31)：203.

[14] 曹永跃. 普通高校体育教学内容设置存在的问题及影响因素分析[J]. 成都体育学院学报，2011，37(4)：62-65.

[15] 陈玉清，李汉超. 以人为本视角下高校公共体育课教学评价改革[J]. 体育与科学，2009，30（3）：101-104.

[16] 陈志伟，刘福温，史明. 高校体育管理理论科学探析[M]. 北京：九州出版社，2018.

[17] 李志伟. 高校体育管理与实践创新研究[M]. 长春：吉林出版集团股份有限公司，2019.